PHILOSOPHIE
DE L'ART

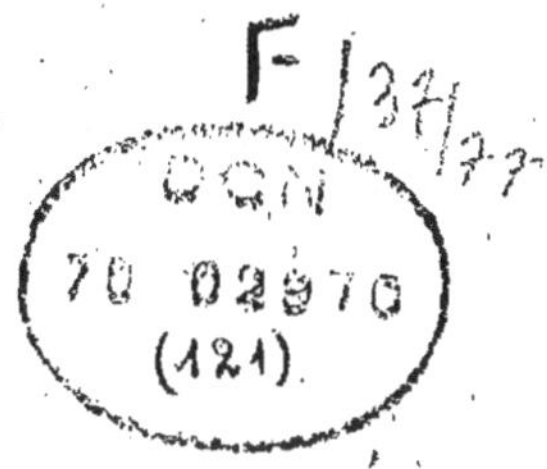

PHILOSOPHIE
DE L'ART

PAR

H. TAINE

DE L'ACADÉMIE FRANÇAISE

TOME PREMIER

DIX-HUITIÈME ÉDITION

LIBRAIRIE HACHETTE

79, BOULEVARD SAINT-GERMAIN, PARIS

1921

PRÉFACE

Le cours d'où sont tirées les dix leçons qui suivent a été professé à l'École des Beaux-Arts; s'il
était rédigé, il remplirait onze gros volumes. Je
n'ai pas osé infliger au lecteur une si longue
lecture; je n'extrais de l'ouvrage que les idées
générales. En toute recherche, ces idées sont
l'objet principal, et, ici plus qu'ailleurs, il importe
de les dégager. Car, parmi les œuvres humaines,
l'œuvre d'art semble la plus fortuite; on est tenté
de croire qu'elle naît à l'aventure, sans règle ni
raison, livrée à l'accident, à l'imprévu, à l'arbitraire : effectivement, quand l'artiste crée, c'est
d'après sa fantaisie qui est personnelle; quand le

public approuve, c'est d'après son goût qui est passager ; inventions de l'artiste et sympathies du public, tout cela est spontané, libre et, en apparence, aussi capricieux que le vent qui souffle. Néanmoins, comme le vent qui souffle, tout cela a des conditions précises et des lois fixes : il serait utile de les démêler.

PREMIÈRE PARTIE

PHILOSOPHIE DE L'ART

PREMIÈRE PARTIE

CHAPITRE I

DE LA NATURE DE L'ŒUVRE D'ART

Messieurs,

En commençant ce cours, je voulais vous demander deux choses dont j'ai grand besoin : votre attention d'abord, ensuite et surtout votre bienveillance. L'accueil que vous voulez bien me faire me persuade que vous m'accorderez l'une et l'autre. Je vous en remercie d'avance très vivement et très sincèrement.

Le sujet dont je compte vous entretenir cette année est l'histoire de l'art, et principalement l'histoire de la peinture en Italie. Avant d'entrer dans le cours lui-même, je voudrais vous en indiquer la méthode et l'esprit.

I

Le point de départ de cette méthode consiste à reconnaître qu'une œuvre d'art n'est pas isolée, par conséquent à chercher l'ensemble dont elle dépend et qui l'explique.

Le premier pas n'est point difficile. D'abord et visiblement, une œuvre d'art, un tableau, une tragédie, une statue, appartient à un ensemble, je veux dire à l'œuvre totale de l'artiste qui en est l'auteur. Cela est élémentaire. Chacun sait que les différentes œuvres d'un artiste sont toutes parentes comme filles d'un même père, c'est-à-dire qu'elles ont entre elles des ressemblances marquées. Vous savez que chaque artiste a son style, un style qui se retrouve dans toutes ses œuvres. Si c'est un peintre, il a son coloris, riche ou terne, ses types préférés, nobles ou vulgaires, ses attitudes, sa façon de composer, même ses procédés d'exécution, ses empâtements, son modelé, ses couleurs, son faire. Si c'est un écrivain, il a ses personnages, violents ou paisibles, ses intrigues, compliquées ou simples, ses dénoûments, tragiques ou comiques, ses effets de style, ses périodes, et jusqu'à son vocabulaire. Cela est si vrai, qu'un connaisseur, si vous lui présentez une œuvre non signée d'un maître un peu éminent, est capable de reconnaître de quel artiste est cette œuvre, et cela presque certainement; même, si son expérience est assez grande et son tact assez délicat, il peut dire à quelle époque de la vie de l'artiste, à quelle période de son développement appartient l'œuvre d'art que vous lui avez présentée.

Voilà le premier ensemble auquel il faut rapporter une œuvre d'art. Voici le second·

Cet artiste lui-même, considéré avec l'œuvre totale qu'il a produite, n'est pas isolé. Il y a aussi un ensemble dans lequel il est compris, ensemble plus grand que lui-même, et qui est l'école ou famille d'artistes du même pays et du même temps à laquelle il appartient. Par exemple, autour de Shakespeare qui, au premier coup d'œil, semble une merveille tombée du ciel et comme un aérolithe arrivé d'un autre monde, on trouve une douzaine de dramatistes supérieurs, Webster, Ford, Massinger, Marlowe, Ben Jonson, Fléchter et Beaumont, qui ont écrit du même style et dans le même esprit que lui. Leur théâtre a les mêmes caractères que le sien; vous y trouverez les mêmes personnages violents et terribles, les mêmes dénoûments meurtriers et imprévus, les mêmes passions soudaines et effrénées, le même style désordonné, bizarre, excessif et splendide, le même sentiment exquis et poétique de la campagne et du paysage, les mêmes types de femmes délicates et profondément aimantes. — Pareillement, Rubens semble un personnage unique, sans précurseurs et sans successeurs. Mais il suffit d'aller en Belgique et de visiter les églises de Gand, de Bruxelles, de Bruges ou d'Anvers, pour apercevoir tout un groupe de peintres dont le talent est semblable au sien : Crayer d'abord, qui fut considéré de son temps comme son rival, Adam Van Noort, Gérand Zeghers, Rombouts, Abraham Jansens, Van Roose, Van Thulden, Jean Van Oost, d'autres encore que vous connaissez, Jordaens, Van Dyck, qui tous ont conçu la peinture dans le même esprit, et qui, parmi des différences propres, gardent toujours un air de famille. Comme Rubens, ils se sont complu à peindre la chair florissante et saine, la riche et frémissante palpitation de la vie, la pulpe sanguine et sensible qui s'épanouit opulemment à la surface de l'être animé, les types réels et souvent les types brutaux, l'élan et l'abandon du mouvement libre, les splendides étoffes lustrées et chamarrées, les reflets de la pourpre et de la soie, l'étalage des draperies agitées et tortillées. Aujourd'hui leur grand contemporain semble les effacer sous sa gloire ; mais il n'en est pas moins vrai que, pour le comprendre, il faut rassembler autour de lui cette gerbe de talents dont il n'est que la plus haute tige, et cette famille d'artistes dont il est le plus illustre représentant.

Voilà le second pas. Il en reste un troisième à faire. Cette famille d'artistes elle-même est comprise dans un ensemble plus vaste, qui est le monde qui l'entoure et dont le goût est conforme au sien. Car l'état des mœurs et de l'esprit est le même pour le public et pour les artistes ; ils ne sont pas des hommes isolés. C'est leur voix seule que nous entendons en ce moment à travers la distance des siècles; mais, au-dessous de cette voix éclatante qui vient en vibrant jusqu'à nous, nous démêlons un murmure et comme un vaste bourdonnement sourd, la grande voix infinie et multiple du peuple qui chantait à l'unisson autour d'eux. Ils n'ont été grands que par cette harmonie. Et il faut bien qu'il en soit ainsi : Phidias, Ictinus, les hommes qui ont fait le Parthénon et le Jupiter olympien, étaient, comme les autres Athéniens, des citoyens libres et des païens, élevés dans la palestre, ayant lutté, s'étant exercés nus, habitués à délibérer et à voter sur la place publique, ayant les mêmes habitudes, les mêmes intérêts, les mêmes idées, les mêmes croyances, hommes de la même race, de la même éducation, de la même langue, en sorte que, par toutes les parties importantes de leur vie, ils se trouvaient semblables à leurs spectateurs.

Cette concordance devient encore plus sensible si l'on considère un âge plus rapproché du nôtre : par exemple, la grande époque espagnole, qui s'étend depuis le xvie siècle jusqu'au milieu du xviie, celle des grands peintres, Velazquez, Murillo, Zurbaran, Francisco de Herrera, Alonzo Cano, Moralès, celle des grands poètes, Lope de Vega, Calderon, Cervantès, Tirso de Molina, don Luis de Léon, Guilhem de Castro et tant d'autres. Vous savez que l'Espagne, à cette époque, était toute monarchique et catholique, qu'elle vainquait les Turcs à Lépante, qu'elle mettait le pied sur l'Afrique et y faisait des établissements, qu'elle combattait les protestants en Allemagne, les poursuivait en France, les attaquait en Angleterre, qu'elle convertissait et subjuguait les idolâtres du nouveau monde, qu'elle chassait de son sein les Juifs et les Maures, qu'elle épurait sa propre foi à force d'autodafés et de persécutions, qu'elle prodiguait les flottes, les armées, l'or et l'argent de son Amérique, le plus précieux sang de ses enfants, le sang vital de son propre cœur, en croisades démesurées et multipliées, avec une telle obstination et un tel fanatisme, qu'elle en tomba épuisée au bout d'un siècle et demi sous les pieds de l'Europe, mais avec un tel enthousiasme, avec un tel éclat de gloire, avec une ferveur si nationale, que ses sujets, épris de la monarchie en qui se concentraient leurs forces, et de la cause à laquelle ils dévouaient leur vie, n'éprouvaient d'autre désir que celui d'exalter la religion et la royauté par leur obéissance, et de former autour de l'Église et du trône un chœur de fidèles, de combattants et d'adorateurs. Dans cette monarchie d'inquisiteurs et de croisés, qui gardent les sentiments chevaleresques, les passions sombres, la férocité, l'intolérance et le mysticisme du moyen âge, les plus grands artistes sont des hommes qui ont possédé au plus haut degré les facultés, les sentiments et les passions de ce public qui les entourait. Les poètes les plus célèbres, Lope de Vega et Calderon, ont été des soldats d'aventure, des volontaires de l'Armada, des duellistes et des amoureux, aussi exaltés, aussi mystiques dans l'amour que les poètes et les don Quichotte des temps féodaux; catholiques passionnés, si ardents qu'à la fin de sa vie un d'entre eux devient familier de l'Inquisition, que d'autres se font prêtres, et que le plus illustre d'entre eux, le grand Lope, disant la messe, s'évanouit à la pensée du sacrifice et du martyre de Jésus-Christ. Partout ailleurs nous trouverions des exemples semblables de l'alliance et de l'harmonie intime qui s'établit entre l'artiste et ses contemporains; et nous pouvons conclure avec assurance que, si l'on veut comprendre son goût et son talent, les raisons qui lui ont fait choisir tel genre de peinture ou de drame, préférer tel type et tel coloris, représenter tels sentiments, c'est dans l'état général des mœurs et de l'esprit public qu'il faut les chercher.

Nous arrivons donc à poser cette règle que, pour comprendre une œuvre d'art, un artiste, un groupe d'artistes, il faut se représenter avec exactitude l'état général de l'esprit et des mœurs du temps auquel ils appartenaient. Là se trouve l'explication dernière; là réside la cause primitive qui détermine le reste. Cette vérité, messieurs, est confirmée par l'expérience; en effet, si l'on parcourt les principales époques de l'histoire de l'art, on trouve que les arts apparaissent, puis disparaissent en même temps que certains états de l'esprit et des mœurs auxquels ils sont attachés. — Par exemple, la tragédie grecque, celle d'Eschyle, de Sophocle et d'Euripide, apparaît au temps de la victoire des Grecs sur les Perses, à l'époque héroïque des petites cités républicaines, au moment du grand effort par lequel elles conquièrent leur indépendance et établissent leur ascendant dans l'univers civilisé; et nous la voyons disparaître avec cette indépendance et cette énergie quand l'abaissement des caractères et la conquête macédonienne livrent la Grèce aux étrangers. — De même l'architecture gothique se développe avec l'établissement définitif du régime féodal, dans la demi-renaissance du xie siècle, au moment où la société, délivrée des Normands et des brigands, commence à s'asseoir; et on la voit disparaître au moment où ce régime militaire de petits barons indépendants, avec l'ensemble de mœurs qui en dérivait, se dissout vers la fin du xve siècle par l'avènement des monarchies modernes. — Pareillement la peinture hollandaise s'épanouit au moment glorieux où, à force d'opiniâtreté et de courage, la Hollande achève de s'affranchir de la domination espagnole, combat l'Angleterre à armes égales, devient le plus riche, le plus libre, le plus industrieux, le plus prospère des États européens; nous la voyons déchoir au commencement du xviiie siècle, quand la Hollande, tombée au second rôle, laisse le premier à l'Angleterre, se réduit à n'être qu'une maison de banque et de commerce bien réglée, bien administrée, paisible, où l'homme peut vivre à son aise, en bourgeois sage, exempt des grandes ambitions et des grandes émotions. — Pareillement enfin la tragédie française apparaît au moment où la monarchie régulière et noble établit, sous Louis XIV, l'empire des bienséances, la vie de cour, la belle représentation, l'élégante domesticité aristocratique, et disparaît au moment

où la société nobiliaire et les mœurs d'antichambre
sont abolies par la Révolution.

Je voudrais vous rendre sensible par une comparaison
cet effet de l'état des mœurs et des esprits sur les
beaux-arts. Lorsque, partant d'un pays méridional, vous
remontez vers le nord, vous vous apercevez qu'en
entrant dans une certaine zone on voit commencer une
espèce particulière de culture et une espèce particulière
de plantes : d'abord l'aloès et l'oranger, un peu plus
tard l'olivier ou la vigne, ensuite le chêne et l'avoine,
un peu plus loin le sapin, à la fin les mousses et les
lichens. Chaque zone a sa culture et sa végétation propres ; toutes deux commencent au commencement de la
zone et finissent à la fin de la zone ; toutes deux lui
sont attachées. C'est elle qui est leur condition d'existence ; c'est elle qui, par sa présence ou son absence,
les détermine à paraître ou à disparaître. Or qu'est-ce
que la zone, sinon une certaine température, un certain
degré de la chaleur et de l'humidité, en un mot, un
certain nombre de circonstances régnantes, analogues
dans leur genre à ce que nous appelions tout à l'heure
l'état général de l'esprit et des mœurs ? De même qu'il
y a une température physique qui, par ses variations,
détermine l'apparition de telle ou telle espèce de
plantes ; de même il y a une température morale qui,
par ses variations, détermine l'apparition de telle ou
telle espèce d'art. Et, de même qu'on étudie la température physique pour comprendre l'apparition de telle
ou telle espèce de plantes, le maïs ou l'avoine, l'aloès

ou le sapin, de même il faut étudier la température
morale pour comprendre l'apparition de telle espèce
d'art, la sculpture païenne ou la peinture réaliste, l'architecture mystique ou la littérature classique, la musique voluptueuse ou la poésie idéaliste. Les productions
de l'esprit humain, comme celles de la nature vivante,
ne s'expliquent que par leur milieu.

Voilà l'étude que je me propose de faire devant vous
cette année pour l'histoire de la peinture en Italie. Je
tâcherai de recomposer sous vos yeux le milieu mystique dans lequel se sont produits Giotto et Beato Angelico, et pour cela je vous lirai les morceaux des poètes
et des écrivains dans lesquels on peut voir l'idée que
les hommes de ce temps-là se faisaient alors de la félicité, du malheur, de l'amour, de la foi, du paradis, de
l'enfer, de tous les grands intérêts de la vie humaine.
Nous trouverons ces documents dans les poésies de
Dante, de Guido Cavalcanti, des religieux franciscains,
dans la *Légende dorée*, dans l'*Imitation de Jésus-Christ*,
dans les *Fioretti* de saint François, dans les historiens
comme Dino Compagni, dans cette vaste collection de
chroniqueurs rassemblés par Muratori, et qui peignent
si naïvement les jalousies et les violences de leurs
petites républiques. — Ensuite je tâcherai pareillement
de recomposer sous vos yeux le milieu païen dans
lequel, un siècle et demi plus tard, se sont produits
Léonard de Vinci, Michel-Ange, Raphaël, Titien, et pour
cela je vous lirai, soit dans les mémoires des contemporains, de Benvenuto Cellini, par exemple, soit dans

les diverses chroniques tenues au jour le jour à Rome
et dans les principales cités de l'Italie, soit dans les
dépêches des ambassadeurs, soit enfin dans les des-
criptions de fêtes, de mascarades et d'entrées de ville,
des fragments notables qui vous montreront la brutalité, la sensualité, l'énergie des mœurs environnantes
et, en même temps, le vif sentiment poétique et littéraire, les goûts pittoresques, les instincts décoratifs,
le besoin de splendeur extérieure, qui se rencontraient
alors aussi bien dans le peuple et la foule ignorante
que chez les grands et les lettrés.

Supposez maintenant, messieurs, que nous réus-
sissions dans cette recherche, et que nous arrivions
à marquer, avec une netteté complète, les différents
états d'esprit qui ont amené la naissance de la peinture
italienne, son développement, sa floraison, ses variétés
et sa décadence. Supposez qu'on réussisse dans la même
recherche pour les autres siècles, pour les autres pays,
pour les différentes espèces d'art, l'architecture, la
peinture, la sculpture, la poésie et la musique. Supposez que, par l'effet de toutes ces découvertes, on
parvienne à définir la nature et marquer les conditions
d'existence de chaque art : nous aurions alors une
explication complète des beaux-arts et de l'art en
général, c'est-à-dire une philosophie des beaux-arts;
c'est là ce qu'on appelle une *esthétique*. Nous aspirons
à celle-là, messieurs, et non pas à une autre. La nôtre
est moderne, et diffère de l'ancienne en ce qu'elle est
historique et non dogmatique, c'est-à-dire en ce qu'elle

n'impose pas de préceptes, mais qu'elle constate des lois. L'ancienne esthétique donnait d'abord la définition du beau, et disait, par exemple, que le beau est l'expression de l'idéal moral, ou bien que le beau est l'expression de l'invisible, ou bien encore que le beau est l'expression des passions humaines; puis, partant de là comme d'un article de code, elle absolvait, condamnait, admonestait et guidait. Je suis bien heureux de ne pas avoir une si grosse tâche à remplir; je n'ai pas à vous guider, j'en serais trop embarrassé. D'ailleurs, je me dis tout bas qu'après tout, en fait de préceptes, on n'en a encore trouvé que deux : le premier qui conseille de naître avec du génie; c'est l'affaire de vos parents, ce n'est pas la mienne; le second qui conseille de travailler beaucoup, afin de bien posséder son art; c'est votre affaire, ce n'est pas non plus la mienne. Mon seul devoir est de vous exposer des faits et de vous montrer comment ces faits se sont produits. La méthode moderne que je tâche de suivre, et qui commence à s'introduire dans toutes les sciences morales, consiste à considérer les œuvres humaines, et en particulier les œuvres d'art, comme des faits et des produits dont il faut marquer les caractères et chercher les causes; rien de plus. Ainsi comprise, la science ne proscrit ni ne pardonne; elle constate et explique. Elle ne vous dit pas : « Méprisez l'art hollandais, il est trop grossier, et ne goûtez que l'art italien. » Elle ne vous dit pas non plus : « Méprisez l'art gothique, il est maladif, et ne goûtez que l'art grec. » Elle laisse à chacun la liberté de suivre ses prédilections particulières, de préférer ce qui est conforme à son tempérament, et d'étudier avec un soin plus attentif ce qui correspond le mieux à son propre esprit. Quant à elle, elle a des sympathies pour toutes les formes de l'art et pour toutes les écoles, même pour celles qui semblent le plus opposées; elle les accepte comme autant de manifestations de l'esprit humain; elle juge que, plus elles sont nombreuses et contraires, plus elles montrent l'esprit humain par des faces nouvelles et nombreuses; elle fait comme la botanique qui étudie, avec un intérêt égal, tantôt l'oranger et le laurier, tantôt le sapin et le bouleau; elle est elle-même une sorte de botanique appliquée, non aux plantes, mais aux œuvres humaines. A ce titre, elle suit le mouvement général qui rapproche aujourd'hui les sciences morales des sciences naturelles, et qui, donnant aux premières les principes, les précautions, les directions des secondes, leur communique la même solidité et leur assure le même progrès.

Je voudrais appliquer tout de suite cette méthode à
la première et à la principale question par laquelle
s'ouvre un cours d'esthétique, et qui est la définition de
l'art. Qu'est-ce que l'art, et en quoi consiste sa nature?
— Au lieu de vous imposer une formule, je vais vous
faire toucher des faits. Car il y a des faits ici comme
ailleurs, des faits positifs et qui peuvent être observés,
j'entends les *œuvres d'art* rangées par familles dans les
musées et les bibliothèques, comme les plantes dans un
herbier et les animaux dans un muséum. On peut appliquer l'analyse aux uns comme aux autres, chercher ce
qu'est une œuvre d'art en général comme on cherche ce
qu'est une plante ou un animal en général. On n'a pas
plus besoin dans le premier cas que dans le second de
sortir de l'expérience, et toute l'opération consiste à
découvrir, par des comparaisons nombreuses et des
éliminations progressives, les traits communs qui appartiennent à toutes les œuvres d'art, en même temps que
les traits distinctifs par lesquels les œuvres d'art se
séparent des autres produits de l'esprit humain.

Pour cela, parmi les cinq grands arts, qui sont la
poésie, la sculpture, la peinture, l'architecture et la
musique, laissons de côté les deux derniers, dans
lesquels l'explication est plus difficile; nous y revien-

drons ensuite ; ne considérons d'abord que les trois premiers. Ils ont tous, comme vous le voyez, un caractère commun : celui d'être, plus ou moins, des arts d'*imitation*.

Au premier coup d'œil, il semble que ce soit là leur caractère essentiel, et que leur objet soit l'imitation aussi exacte que possible. Car il est bien clair qu'une statue a pour objet d'imiter de tout près un homme vraiment vivant, qu'un tableau a pour but de figurer des personnages réels avec des attitudes réelles, un intérieur de maison, un paysage tel que la nature en fournit. Il n'est pas moins clair qu'un drame, un roman, essaye de représenter exactement des caractères, des actions, des paroles réelles, et d'en donner une image aussi précise et aussi fidèle qu'il est possible. En effet, quand l'image est insuffisante ou inexacte, nous disons au statuaire : « Ce n'est pas ainsi qu'on fait une poitrine ou une jambe. » Nous disons au peintre : « Les personnages de votre second plan sont trop grands, le coloris de vos arbres est faux. » Et nous disons à l'écrivain : « Jamais un homme n'a senti ou pensé comme vous venez de le supposer. »

Mais il y a d'autres preuves plus fortes ; d'abord, l'expérience de tous les jours. Quand on regarde ce qui se passe dans la vie d'un artiste, on s'aperçoit qu'elle se divise ordinairement en deux parties. Pendant la première, dans la jeunesse et la maturité de son talent, il regarde les choses elles-mêmes, il les étudie minutieusement et anxieusement ; il les maintient sous ses yeux ;

il se travaille et se tourmente pour les exprimer, et il les exprime avec une fidélité scrupuleuse, même outrée. Arrivé à un certain moment de la vie, il croit les connaître assez, il n'y découvre plus rien de nouveau; il laisse de côté le modèle vivant, et, avec les recettes qu'il a ramassées dans le courant de son expérience, il fait un drame ou un roman, un tableau ou une statue. La première époque est celle du sentiment vrai; la seconde, celle de la manière et de la décadence. Si nous regardons la vie des plus grands hommes, nous ne manquerons presque jamais d'y découvrir l'une et l'autre. — La première chez Michel-Ange a été fort longue, et n'a guère duré moins de soixante ans; vous voyez dans toutes les œuvres qui l'ont remplie le sentiment de la force et de la grandeur héroïque. L'artiste en est imbu : il ne songe pas à autre chose. Ses dissections nombreuses, ses innombrables dessins, son analyse constante de son propre cœur, son étude des passions tragiques et de leur expression corporelle, ne sont pour lui que des moyens de manifester au dehors l'énergie militante dont il était épris. Voilà l'idée qui descend sur vous de tous les coins et de toute la voûte de la chapelle Sixtine. Entrez tout à côté, dans la chapelle Pauline, et considérez les œuvres de sa vieillesse, la *Conversion de saint Paul*, le *Crucifiement de saint Pierre*; considérez même le *Jugement dernier*, qu'il fit à soixante-sept ans. Les connaisseurs, et aussi ceux qui ne sont pas connaisseurs, remarquent tout de suite que les deux fresques sont peintes de recette, que l'artiste

possède un certain nombre de formes et s'en sert de
parti pris, qu'il multiplie les attitudes extraordinaires,
les raccourcis curieusement cherchés, que la vive invention, le naturel, le grand élan du cœur, la vérité parfaite, dont ses premières œuvres sont remplies, ont
disparu, en partie du moins, sous l'abus du procédé et
sous la domination du métier, et que, s'il est encore
supérieur aux autres, il est grandement inférieur à lui-
même.

On peut faire la même remarque sur une autre vie,
celle de notre Michel-Ange français. Dans les premières
années de sa vie, Corneille a été frappé aussi par le sentiment de la force et de l'héroïsme moral. Il l'a trouvé
autour de lui dans les vigoureuses passions que les
guerres de religion avaient transmises à la monarchie
nouvelle, dans les actions audacieuses des duellistes,
dans le fier sentiment de l'honneur qui occupait des
âmes encore féodales, dans les tragédies meurtrières
que les conspirations des princes et les exécutions de
Richelieu donnaient en spectacle à la cour, et il a créé
des personnages comme Chimène et le Cid, comme
Polyeucte et Pauline, comme Cornélie, Sertorius, Émilie
et les Horaces. Plus tard, il a fait *Pertharite*, *Attila* et
tant de tristes pièces où les situations se tendent
jusqu'à l'horreur, où les générosités se perdent dans
l'emphase. A ce moment les modèles vivants qu'il avait
contemplés ne remplissaient plus la scène du monde;
du moins, il ne les cherchait plus, il ne renouvelait pas
son inspiration. Il faisait de recette, avec le souvenir

des procédés qu'il avait trouvés autrefois dans la chaleur de l'enthousiasme, avec des théories littéraires,
avec des dissertations et des distinctions sur les péripéties théâtrales et les licences dramatiques. Il se
copiait et s'exagérait lui-même ; la science, le calcul
et la routine remplaçaient pour lui la contemplation
directe et personnelle des grandes émotions et des
actions vaillantes. Il ne créait plus ; il fabriquait.

Ce n'est pas seulement l'histoire de tel ou tel grand
homme qui nous prouve la nécessité d'imiter le modèle
vivant et de demeurer les yeux fixés sur la nature ; c'est
encore l'histoire de chaque grande école. Toutes les
écoles (je ne **crois pas** qu'il y ait d'exception) dégé-
nèrent et tombent précisément par l'oubli de l'imitation
exacte et l'abandon du modèle vivant. C'est le cas en
peinture pour les faiseurs de muscles et de poses outrées
qui ont suivi Michel-Ange, pour les amateurs de décorations théâtrales et de rondeurs charnues qui ont succédé
aux grands Vénitiens, pour les peintres d'académie ou
de boudoir par lesquels a fini la peinture française au
xviiie siècle. C'est le cas en littérature pour les versifi-
cateurs et les rhéteurs de la décadence latine, pour les
dramaturges sensuels et déclamateurs par lesquels a
fini le drame anglais, pour les fabricants de sonnets, de
pointes et d'emphase de la décadence italienne. Entre
tous ces exemples j'en choisirai deux seulement, mais
très frappants. — Le premier, c'est la décadence de la
sculpture et de la peinture dans l'antiquité ; il suffit,
pour en avoir l'impression vive, de visiter tour à tour

Pompéi et Ravenne. A Pompéi, les peintures et sculptures sont du premier siècle; à Ravenne, les mosaïques
sont du sixième et remontent au temps de l'empereur
Justinien. Dans cet intervalle de cinq cents ans, l'art
s'est gâté d'une façon irrémédiable, et cette décadence
est venue tout entière de l'oubli du modèle vivant. Au
premier siècle subsistaient encore les mœurs de la
palestre et des goûts païens. Les hommes portaient le
vêtement lâche, le quittaient aisément, allaient aux
bains, s'exerçaient nus, assistaient aux combats du cirque, contemplaient encore avec sympathie et avec intelligence les attitudes actives du corps vivant; leurs
sculpteurs, leurs peintres, leurs artistes, entourés de
modèles nus ou demi-nus, pouvaient les reproduire.
C'est pour cela que vous voyez à Pompéi, sur les murailles, dans les petits oratoires, dans les cours intérieures, de belles femmes dansantes, de jeunes héros
dispos et fiers, de fortes poitrines, des pieds agiles, tous
les gestes et toutes les formes du corps exprimés avec
une justesse et une aisance auxquelles l'étude la plus
minutieuse aujourd'hui ne sait plus atteindre. Peu à
peu, pendant les cinq siècles qui suivent, tout change.
On voit disparaître les mœurs païennes, les habitudes
de la palestre, le goût de la grande nudité. On n'étale
plus le corps, on le cache sous des vêtements compliqués et sous un étalage de broderies, de pourpre, de
magnificences orientales. On n'estime plus le lutteur
et l'éphèbe, mais l'eunuque, le scribe, la femme, le
moine; l'ascétisme gagne, et, avec lui, le goût de la

rêverie molle, de la dispute creuse, de la paperasserie et de l'ergotage. Les bavards usés du Bas-Empire remplacent les vaillants athlètes grecs et les durs combattants romains. Par degrés, la connaissance et l'étude du modèle vivant sont interdites. On a cessé de le voir; on n'a plus sous les yeux que les œuvres des anciens maîtres, et on les copie. Bientôt on ne copie que des copies de copies, et ainsi de suite; et à chaque génération, on s'éloigne d'un degré de l'original. L'artiste cesse d'avoir sa pensée et son sentiment personnels; c'est une machine à calquer. Les Pères déclarent qu'il n'invente rien, qu'il transcrit des linéaments indiqués par la tradition et acceptés par l'autorité. Cette séparation de l'artiste et du modèle conduit l'art à l'état où vous le voyez à Ravenne. Au bout de cinq siècles, on ne sait plus représenter l'homme qu'assis ou debout; les autres attitudes sont trop difficiles; l'artiste ne peut plus les faire. Les mains, les pieds sont raides et ont l'air cassés; les plis du vêtement sont de bois, les personnages semblent des mannequins, les yeux ont envahi toute la tête. L'art est comme un malade atteint d'une consomption mortelle; il va languir et mourir.

Dans un art différent, chez nous et dans un siècle voisin du nôtre, nous trouvons encore une décadence semblable amenée par des causes semblables. Au siècle de Louis XIV, la littérature atteignit un style parfait, d'une pureté, d'une justesse, d'une sobriété dont on n'a pas d'exemple, et l'art théâtral surtout trouva une langue et une versification qui parurent à toute l'Europe le chef-d'œuvre de l'esprit humain. C'est que les écrivains avaient autour d'eux des modèles et ne cessaient de les observer. Louis XIV parlait parfaitement, avec une dignité, une éloquence, une gravité toutes royales. Nous savons, par les lettres, les dépêches, les mémoires des personnages de la cour, que le ton aristocratique, l'élégance continue, la propriété des termes, la noblesse des façons, l'art de bien dire, se rencontraient chez les courtisans comme chez le prince, en sorte que l'écrivain qui les fréquentait n'avait qu'à chercher dans sa mémoire et dans son expérience pour y trouver les meilleurs matériaux de son art.

Au bout d'un siècle, entre Racine et Delille, un grand changement s'est accompli. Ces discours et ces vers avaient excité tant d'admiration, qu'au lieu de continuer à regarder les personnages vivants, on s'était renfermé dans l'étude des tragédies qui les peignaient. On avait pris pour modèles, non les hommes, mais les écrivains. On s'était fait une langue de convention, un style académique, une mythologie de parade, une versification factice, un vocabulaire vérifié, approuvé, extrait des bons auteurs. C'est alors que l'on vit régner ce style intolérable dont la fin du dernier siècle et le commencement de celui-ci ont été infestés, espèce de jargon dans lequel une rime attirait une rime prévue, où l'on n'osait nommer une chose par son nom, où l'on désignait un canon par une périphrase, où la mer s'appelait Amphitrite, où la pensée emprisonnée n'avait plus ni accent, ni vérité, ni vie, et qui semblait l'œuvre d'une académie de cuistres, digne de régenter une fabrique de vers latins.

La conclusion semble donc qu'il faut rester les yeux fixés sur la nature, afin de l'imiter du plus près possible, et que l'art tout entier consiste dans l'exacte et complète imitation.

III

Cela est-il vrai de tous points, et faut-il conclure que l'imitation absolument exacte est le but de l'art?

Si cela était, messieurs, l'imitation absolument exacte produirait les plus belles œuvres. Or, en fait, il n'en est pas ainsi. Car d'abord, dans la sculpture, le moulage est le procédé qui donne l'empreinte la plus fidèle et la plus minutieuse du modèle, et certainement un bon moulage ne vaut pas une bonne statue. — D'autre part et dans un autre domaine, la photographie est l'art qui, sur un fond plat, avec des lignes et des teintes, reproduit le plus complètement, et sans erreur possible, le contour et le modelé de l'objet qu'elle doit imiter. Sans doute la photographie est pour la peinture un auxiliaire utile; elle est quelquefois maniée avec goût par des hommes cultivés et intelligents; mais, après tout, elle ne songe pas à se comparer à la peinture. — Enfin, pour prendre un dernier exemple, s'il était vrai que l'imitation exacte fût le but suprême de l'art, savez-vous quelle serait la meilleure tragédie, la meilleure comédie, le meilleur drame? La sténographie des procès en cour d'assises : en effet, toutes les paroles y sont reproduites. Il est clair cependant que, si l'on y trouve parfois un trait de naturel, une explosion de sentiment, c'est comme un grain de bon métal dans une gangue pâteuse et grossière. Elle peut fournir des matériaux à l'écrivain; mais elle n'est pas une œuvre d'art.

On dira peut-être que la photographie, le moulage, la sténographie, sont des procédés mécaniques, qu'il faut laisser les machines hors de la question, et comparer une œuvre d'homme à une œuvre d'homme. Cherchons donc des œuvres d'artistes aussi minutieusement exactes que possible. Nous avons au Louvre un tableau de Denner. Il travaillait à la loupe, et mettait quatre ans à faire un portrait; rien n'est oublié dans ses figures, ni les rayures de la peau, ni les marbrures imperceptibles des pommettes, ni les points noirs éparpillés sur le nez, ni l'affleurement bleuâtre des veines microscopiques qui serpentent sous l'épiderme, ni les luisants de l'œil où se peignent les objets voisins. On demeure stupéfait : la tête fait illusion, elle a l'air de sortir du cadre; on n'a jamais vu une pareille réussite ni une pareille patience. Mais, en somme, une large esquisse de Van Dyck est cent fois plus puissante, et, ni dans la peinture, ni dans les autres arts, on ne donne le prix aux trompe-l'œil.

Une seconde preuve plus forte que l'imitation exacte n'est pas le but de l'art, c'est qu'en fait certains arts sont inexacts de parti pris, d'abord la sculpture. Ordinairement une statue est d'une seule couleur, qui est celle du bronze ou celle du marbre; de plus, ses yeux sont sans prunelles, et c'est justement cette uniformité de la teinte et cette atténuation de l'expression morale qui achèvent sa beauté. Car regardez les œuvres correspondantes où l'imitation a été poussée jusqu'au bout. Il y a dans les églises de Naples et d'Espagne des statues coloriées et habillées, des saints vêtus d'un froc véritable, la peau jaunâtre et terreuse comme il convient à des ascètes, les mains sanglantes et le flanc percé comme il convient à des stigmatisés ; à côté d'eux, des madones en habillements royaux, en toilettes de fête, vêtues de soie lustrée, parées de diadèmes, de colliers précieux, de frais rubans, de dentelles magnifiques, la chair rosée, les yeux brillants, les prunelles formées d'une escarboucle. Par cet excès de l'imitation littérale, l'artiste arrive à produire, non pas le plaisir, mais la répugnance, souvent le dégoût, et quelquefois l'horreur.

Il en est de même dans la littérature. La meilleure moitié de la poésie dramatique, tout le théâtre classique grec et français, la plus grande partie des drames espagnols et anglais, loin de copier exactement la conversation ordinaire, altèrent la parole humaine de propos délibéré. Chacun de ces poëtes dramatiques fait parler ses personnages en vers, impose à leurs discours le rythme et souvent la rime. Cette falsification est-elle nuisible à l'œuvre? En aucune façon. L'expérience en a été faite de la manière la plus frappante dans une des grandes œuvres de ce temps, l'*Éphigénie* de Gœthe, écrite d'abord en prose, et ensuite en vers. Elle est belle en prose, mais, en vers, quelle différence ! Ici, visiblement, c'est l'altération du langage ordinaire, c'est l'introduction du rythme et du mètre qui commu-

nique à l'œuvre son accent incomparable, cette sublimité sereine, ce large chant tragique et soutenu, au
son duquel l'esprit s'élève au-dessus des vulgarités de
la vie ordinaire et voit reparaître devant ses yeux les
héros des anciens jours, la race oubliée des âmes primitives, et, parmi elles, la vierge auguste, interprète
des dieux, gardienne des lois, bienfaitrice des hommes,
en qui toutes les bontés et toutes les noblesses de la
nature humaine se concentrent pour glorifier notre
espèce et pour relever notre cœur.

IV

Il faut donc, dans un objet, imiter de très près quelque
chose, mais non pas tout. Il reste à démêler cette portion à laquelle l'imitation doit s'attacher; je réponds
d'avance : « Les rapports et les dépendances mutuelles
des parties. » Pardonnez-moi cette définition abstraite;
ceci va devenir plus clair.

Vous voilà devant un modèle vivant, homme ou
femme, et vous avez pour le copier un crayon et un
papier grand comme deux fois la main. Certainement
on ne peut pas vous demander de reproduire la grandeur des membres, votre papier est trop petit; on ne
peut pas non plus vous demander d'en reproduire la
couleur, vous n'avez que du noir et du blanc à votre
disposition. Ce qu'on vous demande, c'est d'en reproduire les *rapports*, et d'abord les proportions, c'est-
à-dire les rapports de grandeur. Si la tête a telle longueur, il faut que le corps ait tant de fois la longueur
de la tête, le bras une autre longueur également dépen-
dante de la première, la jambe de même, et tout le
reste ainsi. — On vous demande encore de reproduire
les formes ou rapports de position : telle courbure, tel
ovale, tel angle, telle sinuosité dans le modèle doit se
répéter dans la copie par une ligne de même nature.
Bref, il s'agit de reproduire l'ensemble des rapports sur

lesquels sont liées les parties, rien d'autre ; ce n'est pas
la simple apparence corporelle que vous devez rendre,
c'est la logique du corps.

Pareillement, vous voilà devant des hommes agis-
sants, devant une scène de la vie réelle, populaire ou
mondaine, et l'on vous prie d'en faire la description.
Pour cela, vous avez vos yeux, vos oreilles, votre mémoire, peut-être un crayon avec lequel vous pourrez
griffonner cinq ou six notes : c'est peu de chose, mais
c'est assez. Car, ce qu'on vous demande, ce n'est pas
de rapporter toutes les paroles, tous les gestes, toutes
les actions du personnage ou des quinze ou vingt personnes qui ont figuré devant vous. Ici, comme tout à
l'heure, on vous prie de marquer des proportions, des
liaisons, des rapports : premièrement, de garder exactement la proportion des actions du personnage, j'entends de faire prédominer dans votre exposé les actions
ambitieuses, s'il est ambitieux, les actions avaricieuses,
s'il est avaricieux, les actions violentes, s'il est violent ;
ensuite, d'observer la liaison réciproque de ces mêmes
actions, c'est-à-dire de provoquer une réplique par une
réplique, de motiver une résolution, un sentiment, une
idée par une idée, un sentiment, une résolution précédente, et, outre cela, par la situation actuelle du personnage ; outre cela, encore, par le caractère général
que vous lui avez prêté. Bref, dans l'œuvre littéraire
comme dans l'œuvre pittoresque, il s'agit de transcrire,
non le dehors sensible des êtres et des événements,
mais l'ensemble de leurs rapports et de leurs dépen-

dances, c'est-à-dire leur logique. Ainsi, en règle générale, ce qui nous intéresse dans un être réel, et ce que nous prions l'artiste d'extraire et de rendre, c'est sa logique intérieure ou extérieure, en d'autres termes, sa structure, sa composition et son agencement.

Vous voyez en quoi nous venons de corriger la première définition que nous avions trouvée; nous ne l'avons point détruite, mais épurée; nous venons de découvrir un caractère plus élevé de l'art, qui devient ainsi une œuvre de l'intelligence et non plus seulement de la main.

V

Cela est-il suffisant, et trouve-t-on que les œuvres d'art se bornent simplement à reproduire les rapports des parties? Point du tout, car les plus grandes écoles sont justement celles qui altèrent le plus les rapports réels.

Considérez, par exemple, l'école italienne dans son plus grand artiste, Michel-Ange, et, pour préciser vos idées, rappelez-vous son chef-d'œuvre, les quatre statues de marbre placées à Florence sur le tombeau des Médicis. Ceux d'entre vous qui n'ont pas vu l'original en connaissent au moins la copie. Certainement, dans ces hommes, surtout dans ces femmes couchées qui dorment ou s'éveillent, les proportions des parties ne sont pas les mêmes que dans les personnages réels. On n'en trouverait pas de semblables, même en Italie. Vous y verrez de jolis jeunes hommes bien habillés, des paysans qui ont les yeux luisants et l'air sauvage, des modèles d'académie qui ont les muscles fermes et les gestes fiers; mais, ni dans un village, ni dans une fête, ni dans les ateliers, en Italie ou ailleurs, aujourd'hui ou au xvie siècle, aucun homme et aucune femme réelle n'a ressemblé aux héros indignés, aux vierges colossales et désespérées que le grand homme a étalés dans la chapelle funéraire. C'est dans son propre génie et dans

son propre cœur que Michel-Ange a trouvé ces types.
Il a fallu, pour les atteindre, l'âme d'un solitaire, d'un
méditatif, d'un justicier, âme emportée et généreuse,
égarée au milieu d'âmes amollies et corrompues, parmi
les trahisons et les oppressions, devant le triomphe
irrémédiable de la tyrannie et de l'injustice, sous les
ruines de la liberté et de la patrie, lui-même menacé
de mort, sentant que, s'il vivait, c'était par grâce et
peut-être pour un court répit, incapable de plier et de
se soumettre, réfugié tout entier dans cet art par
lequel, dans le silence de la servitude, son grand cœur
et son désespoir parlaient encore. Il écrivait sur le pié-
destal de sa statue endormie : « Dormir est doux, et
« encore plus être de pierre, tant que durent la misère
« et la honte. Ne rien voir, ne rien sentir est mon bon-
« heur ; ainsi ne m'éveille point. Ah ! parle bas ! » Voilà
le sentiment qui lui a révélé de pareilles formes ; c'est
pour l'exprimer qu'il a changé les proportions ordinaires, allongé le tronc et les membres, tordu le torse
sur la hanche, creusé les orbites, sillonné le front de
plis semblables au froncement des sourcils d'un lion,
enflé sur l'épaule une montagne de muscles, raidi sur
l'échine les tendons et les vertèbres cramponnés les uns
dans les autres, comme une chaîne de fer trop tendue
dont les anneaux vont se briser.

Pareillement, considérons l'école flamande ; dans cette
école le grand Flamand, Rubens, et dans l'œuvre de
Rubens un des tableaux les plus frappants, la *Kermesse*.
Vous n'y trouverez pas plus que chez Michel-Ange l'imi-

tation des proportions ordinaires. Allez en Flandre, regardez les types, même dans les moments de joie et de bombance, dans les fêtes de Gayant, à Anvers ou ailleurs; vous verrez de bonnes gens qui mangent bien, qui boivent mieux, qui fument avec beaucoup de sérénité d'âme, flegmatiques et sensés, l'air terne, avec de grands traits irréguliers, assez semblables aux figures de Téniers; quant aux superbes brutes de la *Kermesse*, vous ne rencontrerez rien de semblable, et certainement c'est d'ailleurs que Rubens les a tirées. Après les terribles guerres de religion, cette grasse Flandre, si longtemps dévastée, avait fini par atteindre la paix et la sécurité civile. La terre y est si bonne et les gens y sont si sages qu'on avait retrouvé du premier coup le bien-être et la prospérité. Chacun sentait cette abondance et cette plénitude nouvelles; et le contraste du présent et du passé poussait à la jouissance les rudes instincts corporels lâchés, comme des chevaux et des taureaux, après un long jeûne, dans une prairie verte et dans les fourrages entassés. Rubens les sentait en lui-même, et la poésie de la grosse vie plantureuse, de la chair satisfaite et dévergondée, de la joie brutale et gigantesquement épanouie, venait s'étaler dans les sensualités abandonnées, dans les rougeurs luxurieuses, dans les blancheurs et dans les fraîcheurs des nudités qu'il prodiguait. C'est pour exprimer ce sentiment que, dans sa *Kermesse*, il a élargi les troncs, épaissi les culasses, tordu les reins, enluminé les joues, ébouriffé les cheveux, allumé dans les yeux une flamme sauvage de con-

voitise effrénée, déchaîné le tintamarre de la ripaille,
des brocs cassés, des tables renversées, des hurlements,
des baisers, de l'orgie, et le plus étonnant triomphe de
la bestialité humaine qu'un pinceau de peintre ait
jamais représenté.

Ces deux exemples vous montrent que l'artiste, en
modifiant les rapports des parties, les modifie dans le
même sens, avec intention, de façon à rendre sensible un certain *caractère essentiel* de l'objet, et, par
suite, l'idée principale qu'il s'en fait. Notons ce mot,
messieurs. Ce caractère est ce que les philosophes
appellent *l'essence* des choses ; et, à cause de cela, ils
disent que l'art a pour but de manifester l'essence des
choses. Nous laisserons de côté ce mot *essence*, qui est
technique, et nous dirons simplement que l'art a pour
but de manifester le caractère capital, quelque qualité
saillante et notable, un point de vue important, une
manière d'être principale de l'objet.

Nous touchons ici à la véritable définition de l'art, et
nous avons besoin d'une clarté complète : il faut donc
insister et marquer avec précision ce que c'est qu'un
caractère essentiel. Je réponds tout de suite que c'est
*une qualité dont toutes les autres, ou du moins beau-
coup d'autres, dérivent suivant des liaisons fixes.* Pardonnez-moi encore cette explication abstraite, elle va
devenir sensible par des exemples.

Le caractère essentiel d'un lion, celui qui le range à
sa place dans les classifications de l'histoire naturelle,
c'est d'être un grand carnassier. Vous allez voir que

presque tous les traits, soit du physique, soit du moral, dérivent de ce caractère comme d'une source. Au physique d'abord, les dents en ciseaux, une mâchoire construite pour broyer et déchirer; il le faut bien, puisque, étant carnassier, il se nourrit de chair et de proies vivantes. Pour manœuvrer ces deux redoutables tenailles, il a besoin de muscles énormes, et, pour loger ces muscles, de fosses temporales proportionnées. Ajoutez aux pieds d'autres tenailles, des griffes terribles, rétractiles, la marche agile sur les extrémités des doigts, une détente de cuisses terrible qui le lance comme un ressort, des yeux qui voient clair la nuit, parce que la nuit est le meilleur temps de la chasse. Un naturaliste, qui me montrait son squelette, me disait : « C'est une mâchoire montée sur quatre pattes. » De plus, toutes les particularités morales sont à l'unisson : d'abord l'instinct sanguinaire, le besoin de viande fraîche, la répugnance pour tout autre aliment; ensuite la force et la fièvre nerveuse par laquelle il concentre une masse énorme de forces dans le court moment de l'attaque ou de la défense; par contre-coup, les habitudes somnolentes, l'inertie grave et sombre dans les moments vides, les longs bâillements après l'emportement de la chasse. Tous ces traits dérivent de son caractère de carnassier, et c'est pour cela que nous l'avons appelé le caractère essentiel.

Considérons maintenant un autre cas plus difficile, une contrée entière avec ses innombrables détails de structure, d'aspect, de culture, avec ses plantes, ses animaux, ses habitants et ses villes, les Pays-Bas, par exemple. Leur caractère essentiel est d'être formés par des *alluvions*, c'est-à-dire par les grands dépôts de terre que les fleuves charrient et répandent à leurs embouchures. De ce seul mot naissent une infinité de particularités qui composent toute la manière d'être de la contrée, non seulement ses dehors physiques et ce qu'elle est par elle-même, mais encore l'esprit et les qualités morales et physiques des habitants et de leurs œuvres. D'abord, dans la nature inanimée, les plaines humides et fertiles. Cela est nécessaire, à cause du grand nombre et de la largeur des fleuves, et du vaste dépôt de terre végétale. Ces plaines sont toujours vertes, parce que les grands fleuves tranquilles et paresseux, les innombrables canaux aisément établis dans le sol plat et humide, entretiennent une fraîcheur perpétuelle. Vous devinez maintenant, et par la seule force du raisonnement, l'aspect du pays, ce ciel blafard, pluvieux, sans cesse rayé d'averses, et même dans les beaux jours, voilé comme d'une gaze délicate par les vapeurs légères qui s'envolent du sol moite et forment un dôme diaphane, un tissu aérien de minces flocons neigeux au-dessus de la grande corbeille verdoyante ouverte à perte de vue et arrondie jusqu'à l'horizon. Dans la nature animée, cette multitude et cette richesse des pâturages appellent les grands troupeaux tranquilles, agenouillés dans les herbes ou mangeant à pleine bouche, qui parsèment de taches jaunâtres, blanches, noires, l'interminable surface plate et verte. De là cette quantité de lait et de chair qui, jointe aux grains, aux légumes produits par la terre plantureuse, fournit aux habitants la nourriture abondante à bon marché. On pourrait dire qu'en ce pays l'eau fait l'herbe, qui fait le bétail, qui fait le fromage, le beurre et la viande, qui, tous ensemble avec la bière, font l'habitant. En effet, de cette grasse vie et de l'organisation physique imbibée d'air humide, vous voyez naître le tempérament flamand, le naturel flegmatique, les habitudes régulières, la tranquillité d'esprit et de nerfs, la capacité de prendre la vie raisonnablement et sagement, le contentement continu, le goût du bien-être, partant, le règne de la propreté et la perfection du confortable. — Les conséquences vont si loin, qu'elles s'étendent jusqu'à l'aspect des villes. Dans les pays d'alluvion, le moellon manque; on n'a pour pierre que la terre cuite, briques ou tuiles; comme les pluies sont grandes et fréquentes, les toits sont fort penchés; comme l'humidité est continue, on vernit les façades. Partant une ville flamande est un réseau de bâtisses rougeâtres ou brunes, toujours nettes, souvent luisantes, aux toits pointus; çà et là, s'élève une vieille église bâtie de galets ou de petites pierres assemblées par un ciment; des rues soigneusement entretenues se déploient entre deux files de trottoirs d'une propreté incomparable. En Hollande, ils sont de briques et souvent parsemés de faïences; à cinq heures du matin, on voit les servantes à genoux les lessiver avec un torchon. Jetez les yeux à travers les vitres luisantes ; entrez dans un club paré d'arbres verts, où le parquet est poudré de sable incessamment renouvelé ; visitez ces tavernes peintes de couleurs claires et douces, où les tonneaux rangés étalent leurs rondeurs brunes, où la mousse jaunâtre déborde des verres curieusement ouvragés. Dans tous ces détails de la vie ordinaire, dans tous ces signes de contentement intime et de prospérité durable, vous verrez les effets du caractère fondamental qui s'est imprimé dans le climat et dans le sol, dans le végétal et dans l'animal, dans l'homme et son œuvre, dans la société et l'individu.

Par ces innombrables effets, vous jugez de son importance. C'est lui que l'art a pour but de mettre en lumière, et, si l'art entreprend cette tâche, c'est que la nature n'y suffit pas. Car, dans la nature, le caractère n'est que dominant ; il s'agit, dans l'art, de le rendre dominateur. Ce caractère façonne les objets réels, mais il ne les façonne pas pleinement. Il est gêné dans son action, entravé par l'intervention d'autres causes. Il n'a pu s'enfoncer, par une empreinte assez forte et assez visible, dans les objets qui portent sa marque. L'homme sent cette lacune, et c'est pour la combler qu'il invente l'art.

En effet, reprenons cette *Kermesse* de Rubens. Ces florissantes commères, ces superbes ivrognes, toutes ces poitrines et toutes ces trognes de brutes débridées et empiffrées, ont peut-être trouvé dans les mangeailles du temps quelques figures analogues. La nature exubérante et trop nourrie aspirait à produire des mœurs et des corps aussi grossiers et aussi grands, mais n'y atteignait qu'à demi. D'autres causes intervenaient pour refréner l'essor de l'énergie joyeuse et charnelle. D'abord la pauvreté : dans les meilleurs temps et dans les meilleurs pays, beaucoup de gens n'ont pas assez à manger, et le jeûne, du moins la demi-abstinence, la misère, le mauvais air, tout ce qui accompagne l'indigence, atténuent le développement et l'impétuosité de la brutalité native : l'homme qui a pâti est moins fort et plus retenu. La religion, la loi, la police, les habitudes imprimées par le travail régulier, opèrent dans le même sens; l'éducation y aide. Sur cent naturels qui, dans les conditions convenables, auraient fourni à Rubens des modèles, il y en avait peut-être cinq ou six qui pouvaient lui servir. Maintenant, songez que ces cinq ou six, dans les fêtes réelles qu'il pouvait voir, étaient perdus dans un mélange de figures plus ou moins médiocres et plus ou moins ordinaires; considérez encore qu'au moment où il les regardait, ils n'avaient pas l'attitude, l'expression, le geste, l'entrain, le costume, le débraillement nécessaires pour rendre visible la surabondance de la grosse joie. Par toutes ces insuffisances, la nature appelait l'art à son aide; elle n'avait pu assez marquer le caractère; il fallait que l'artiste la suppléât.

Il en est ainsi dans toute œuvre d'art supérieure. Lorsque Raphaël faisait sa *Galatée*, il écrivait que, les belles femmes étant rares, il suivait « une certaine idée qu'il avait ». Cela signifie que, concevant d'une certaine façon la nature humaine, sa sérénité, son bonheur, sa douceur fière et gracieuse, il ne trouvait point de modèle vivant qui l'exprimât suffisamment. La paysanne qui posait devant lui avait les mains déformées par le travail, les pieds gâtés par la chaussure, l'œil effarouché par la honte ou avili par le métier. Sa *Fornarine*[1] elle-même a les épaules trop tombantes, l'arrière-bras maigre, l'air dur et borné; s'il l'a peinte à la Farnésine, c'est en la transformant tout entière, et pour cela il a développé, dans la figure peinte, le caractère dont la figure réelle ne renfermait que les indications et les fragments.

Ainsi le propre d'une œuvre d'art est de rendre le caractère essentiel, ou, du moins, un caractère important de l'objet, aussi dominateur et aussi visible qu'il se peut, et, pour cela, l'artiste élague les traits qui le cachent, choisit ceux qui le manifestent, corrige ceux dans lesquels il est altéré, refait ceux dans lesquels il est annulé.

Considérez maintenant non plus les œuvres, mais les artistes, j'entends leur façon de sentir, d'inventer et de produire; vous la trouverez conforme à cette définition de l'œuvre d'art. Il est un don qui leur est indispensable; aucune étude, aucune patience ne le supplée; s'il manque, ils ne sont plus que des copistes et des ouvriers. En présence des choses, il faut qu'ils aient une *sensation originale*; un caractère de l'objet

1. Voir les deux portraits de la Fornarine, au palais Sciarra et au palais Borghèse.

les a frappés, et l'effet de ce choc est une impression forte et propre. En d'autres termes, quand un
homme naît avec du talent, ses perceptions, du moins
ses perceptions d'un certain genre, sont délicates et
promptes; il saisit et démêle naturellement, avec un
tact éveillé et sûr, les nuances et les rapports, tantôt
le sens plaintif ou héroïque d'une suite de sons, tantôt
la fierté ou l'alanguissement d'une attitude, tantôt la
richesse ou la sobriété de deux tons complémentaires
ou contigus; par cette faculté, il pénètre dans l'intérieur des objets et semble plus perspicace que les
autres hommes. Et cette sensation si vive et si personnelle ne reste pas inactive; toute la machine pensante
et nerveuse en reçoit l'ébranlement par contre-coup.
Involontairement l'homme exprime sa sensation intérieure; son corps fait un geste, son attitude devient
mimique, il a besoin de figurer au dehors l'objet tel
qu'il l'a conçu. La voix cherche des inflexions imita-
tives; la parole rencontre des mots colorés, des tour-
nures imprévues, un style figuré, inventé, exagéré; il
est visible que, sous la puissante impulsion primitive,
la cervelle agissante a repensé et transformé l'objet,
tantôt pour l'illuminer et l'agrandir, tantôt pour le
tordre et le déjeter grotesquement tout d'un côté;
dans l'esquisse hasardeuse comme dans la caricature
violente, vous saisissez sur le fait, chez les tempéraments poétiques, cet ascendant de l'impression involontaire. Tâchez maintenant d'entrer dans la familiarité
des grands artistes et des grands écrivains de votre

siècle; étudiez les ébauches, les projets, le journal intime, la correspondance des anciens maîtres; vous retrouverez partout le même procédé inné. Qu'on le décore de beaux noms, qu'on l'appelle inspiration génie, on fait bien et on a raison; mais, si on veut le définir avec précision, il faut toujours y constater la vive sensation spontanée qui groupe autour de soi le cortège des idées accessoires, les remanie, les façonne, les métamorphose et s'en sert pour se manifester.

Nous voici donc parvenus à la définition de l'œuvre d'art. Jetez pour un instant, messieurs, vos regards en arrière, et regardez le chemin que nous avons parcouru. Nous sommes arrivés par degrés à une conception de l'art de plus en plus élevée, et partant de plus en plus exacte. Nous avons cru d'abord que son but est *d'imiter l'apparence sensible.* Puis, séparant l'imitation matérielle de l'imitation intelligente, nous avons trouvé que, ce qu'il veut reproduire dans l'apparence sensible, ce sont les *rapports des parties.* Enfin, remarquant que les rapports peuvent et doivent être altérés pour conduire l'art à son faîte, nous avons établi que, si l'on étudie les rapports des parties, c'est *pour y faire dominer un caractère essentiel.* Aucune de ces définitions ne détruit la précédente, mais chacune d'elles corrige et précise la précédente, et nous pouvons, en les réunissant toutes, et en subordonnant les inférieures aux supérieures, résumer ainsi qu'il suit tout notre travail : « L'œuvre d'art a pour but de « manifester quelque caractère essentiel ou saillant,

« partant quelque idée importante, plus clairemen[t]
« et plus complètement que ne le font les objets réels.
« Elle y arrive en employant un ensemble de partie[s]
« liées dont elle modifie systématiquement les rap[-]
« ports. Dans les trois arts d'imitation, sculpture,
« peinture et poésie, ces ensembles correspondent [à]
« des objets réels. »

VI

Cela posé, messieurs, on voit, en examinant les différentes parties de cette définition, que la première est
essentielle et la seconde accessoire. Il faut dans tout
art un ensemble de parties liées que l'artiste modifie
de façon à manifester un caractère ; mais il n'est pas
nécessaire dans tout art que cet ensemble corresponde
à des objets réels ; il suffit qu'il existe. Donc, si l'on
peut rencontrer des ensembles de parties liées qui ne
soient pas imitées des objets réels, il y aura des arts
qui n'auront pas pour point de départ l'imitation.
C'est ce qui arrive, et c'est ainsi que naissent l'architecture et la musique. En effet, en dehors des liaisons, des proportions, des dépendances organiques et
morales que copient les trois arts imitateurs, il y a
des rapports mathématiques que combinent les deux
autres, qui n'imitent rien.

Considérons d'abord les rapports mathématiques
perçus par le sens de la vue. — Les grandeurs sensibles
à l'œil peuvent former entre elles des ensembles de
parties liées par des lois mathématiques. Car, d'abord,
un morceau de bois ou de pierre peut avoir une forme
géométrique, celle d'un cube, d'un cône, d'un cylindre
ou d'une sphère, ce qui établit des relations régulières
de distance entre les divers points de son contour. —

En outre, ses dimensions peuvent être des quantités liées entre elles dans les proportions simples, et que l'œil peut aisément saisir ; la hauteur peut être deux trois, quatre fois plus grande que l'épaisseur ou la largeur, ce qui fait une seconde série de rapports mathématiques. — Enfin, plusieurs de ces morceaux de pierre ou de bois peuvent être placés les uns sur les autres, ou les uns à côté des autres, symétriquement, selon des distances et des angles liés par des dépendances mathématiques. — Sur cet ensemble de parties liées s'établit l'architecture. L'architecte, ayant conçu tel caractère dominant, la sérénité, la simplicité, la force, l'élégance, comme jadis en Grèce et à Rome, ou bien l'étrangeté, la variété, l'infinité, la fantaisie, comme aux temps gothiques, peut choisir et combiner les liaisons, les proportions, les dimensions, les formes, les positions, bref les rapports des matériaux, c'est-à-dire de certaines grandeurs visibles, de manière à manifester le caractère conçu.

A côté des grandeurs perçues par la vue, il y a les grandeurs perçues par l'ouïe, j'entends les vitesses des vibrations sonores ; et ces vibrations, étant des grandeurs, peuvent former aussi des ensembles de parties liées par des lois mathématiques. — En premier lieu, comme vous le savez, un son musical est composé de vibrations continues de vitesse égale, et cette égalité met déjà entre elles un rapport mathématique. — En second lieu, étant donnés deux sons, le deuxième peut être composé de vibrations deux, trois, quatre fois plus

rapides que celles du premier. Les deux sons ont donc
entre eux un rapport mathématique : ce que l'on figure
en les mettant sur la portée musicale à une certaine
distance l'un de l'autre. Par conséquent, si, au lieu de
deux sons, on en prend un certain nombre situés à des
distances égales, on fera une échelle ; cette échelle est
la gamme, et tous les sons se trouvent ainsi liés entre
eux d'après leur position dans la gamme. — Vous
pouvez maintenant établir ces liaisons, soit entre des
sons successifs, soit entre des sons simultanés. Le premier genre de liaison constitue la mélodie ; le second
constitue l'harmonie. Et voilà la musique, avec ses
deux parties essentielles, fondée, comme l'architecture,
sur des rapports mathématiques que l'artiste peut
combiner et modifier.

Mais la musique a un second principe, et ce nouvel
élément lui communique une vertu propre et une portée
extraordinaire. Outre ses qualités mathématiques, le
son est analogue au cri, et, à ce titre, il exprime direc-
tement, avec une justesse, une délicatesse et une puissance sans rivales, la souffrance, la joie, la colère,
l'indignation, toutes les agitations et toutes les émotions
de l'être vivant et sentant, jusque dans les plus imperceptibles nuances et dans les secrets les plus inconnus.
Par cette face, il est semblable à la déclamation poétique, et fournit toute une musique, la musique expressive, celle de Gluck et des Allemands, par opposition
à la musique chantante, celle de Rossini et des Italiens.
Mais, quel que soit le point de vue qu'un compositeur

ait préféré, les deux côtés n'en subsistent pas moins ensemble, et les sons constituent toujours des ensembles de parties, liées à la fois par leurs rapports mathématiques et par la correspondance qu'ils ont avec les passions et les divers états intérieurs de l'être moral. En sorte que le musicien, qui a conçu un certain caractère important et saillant des choses, la tristesse ou la joie, l'amour tendre ou la colère emportée, telle autre idée ou tel autre sentiment, quel qu'il soit, peut choisir et combiner à son gré dans ces liaisons mathématiques et dans ces liaisons morales, de façon à manifester le caractère qu'il a conçu.

Aussi tous les arts rentrent dans la définition présentée : dans l'architecture et la musique, comme dans la sculpture, la peinture et la poésie, l'œuvre a pour but de manifester quelque caractère essentiel, et emploie pour moyen un ensemble de parties liées dont l'artiste combine ou modifie les rapports.

VII

Maintenant que nous connaissons la nature de l'art,
nous pouvons comprendre son importance. Auparavant
nous ne faisions que la sentir, c'était là une affaire
d'instinct et non de raisonnement ; nous éprouvions du
respect ou de l'estime, mais nous ne pouvions expliquer
notre estime et notre respect. A présent nous sommes
capables de justifier notre admiration, et de marquer
la place de l'art dans la vie humaine. — Par beaucoup
de points, l'homme est un animal qui tâche de se
défendre contre la nature ou contre les autres hommes.
Il faut qu'il pourvoie à sa nourriture, à son habillement,
à son logement, qu'il se défende contre la mauvaise
saison, la disette et les maladies. Pour cela, il laboure,
il navigue, il exerce les différentes sortes d'industries
et de commerce. — De plus, il faut qu'il perpétue
son espèce et se préserve des violences des autres
hommes. Pour cela, il forme des familles et des États ;
il établit des magistrats, des fonctionnaires, des consti-
tutions, des lois et des armées. Après tant d'inventions
et de labeurs, il n'est pas sorti de son premier cercle ;
il n'est encore qu'un animal, mieux approvisionné et
mieux protégé que les autres ; il n'a encore songé qu'à
lui-même et à ses pareils. — A ce moment, une vie
supérieure s'ouvre, celle de la contemplation, avec

laquelle il s'intéresse aux causes permanentes et génératrices desquelles son être et celui de ses pareils dépendent, aux caractères dominateurs et essentiels qui régissent chaque ensemble et impriment leur marque dans les moindres détails. Pour y atteindre, il a deux voies : la première, qui est la science, par laquelle, dégageant ces causes et ces lois fondamentales, il les exprime en formules exactes et en termes abstraits ; la seconde, qui est l'art, par laquelle il manifeste ces causes et ces lois fondamentales, non plus en définitions arides, inaccessibles à la foule et intelligibles seulement pour quelques hommes spéciaux, mais d'une façon sensible et en s'adressant, non seulement à la raison, mais encore aux sens et au cœur de l'homme le plus ordinaire. L'art a cela de particulier, qu'il est à la fois *supérieur* et *populaire* : il manifeste ce qu'il y a de plus élevé, et il le manifeste à tous.

CHAPITRE II

DE LA PRODUCTION DE L'ŒUVRE D'ART

Après avoir examiné devant vous la nature de l'œuvre d'art, il reste à étudier la loi de sa production. Cette loi peut, au premier regard, s'exprimer ainsi : *L'œuvre d'art est déterminée par un ensemble qui est l'état général de l'esprit et des mœurs environnantes;* je vous l'énonçais la dernière fois; à présent il faut l'établir.

Elle repose sur deux sortes de preuves, l'une d'expérience, l'autre de raisonnement. La première consiste dans l'énumération des cas nombreux par lesquels la loi se vérifie; je vous en ai cité quelques-uns, je vous en montrerai d'autres tout à l'heure; en outre, on peut affirmer qu'on ne connaît pas de cas où elle ne s'applique point; dans tous ceux qu'on a étudiés, elle est exacte, non seulement pour la masse, mais encore pour le détail, non seulement pour l'apparition et l'extinction des grandes écoles, mais encore pour toutes les variations et toutes les oscillations de l'art. — La seconde preuve consiste à montrer, non seulement qu'en fait cette dépendance est rigoureuse, mais encore qu'elle doit l'être. Pour cela, on analyse ce que nous avons appelé l'état général de l'esprit et des mœurs; on cherche, d'après les règles ordinaires de la nature humaine, les effets qu'un pareil état doit produire sur le public et sur les artistes, partant sur l'œuvre d'art. On en conclut une liaison forcée et une concordance fixe, et l'on établit comme une harmonie nécessaire ce qu'on avait observé comme une simple rencontre. La seconde preuve *démontre* ce que la première avait *constaté*.

Pour rendre cette harmonie sensible, reprenons une
comparaison dont nous nous sommes déjà servis, celle
d'une œuvre d'art et d'une plante, et regardons dans
quelles circonstances une plante ou une espèce de
plantes, l'oranger, par exemple, pourrait se développer
et se propager sur un terrain. Nous supposons toutes
sortes de graines et de semences apportées par le vent,
jetées par le hasard; à quelles conditions celles de
l'oranger pourront-elles germer, devenir des arbres,
fleurir, produire des fruits, des rejetons, toute une peu-
plade d'arbres, et couvrir le sol?

Il faudra pour cela bien des circonstances favorables,
et d'abord que le sol ne soit ni trop friable, ni trop
maigre; autrement, les racines manquant de profondeur
et d'attaches, l'arbre tomberait au premier coup de
vent. Il faudra ensuite que le sol ne soit pas trop sec;
sinon, faute du rafraîchissement des eaux courantes,
l'arbre séchera sur pied. Il faut aussi que le climat soit
chaud; sinon, l'arbre qui est délicat gèlera, ou tout au
moins languira, et ne pourra pas épanouir ses pousses.
Il faut aussi que l'été soit long, pour que le fruit, qui
est tardif, ait le temps de mûrir. Il faut que l'hiver soit
doux, pour que les frimas de janvier ne viennent pas
flétrir et brûler les oranges attardées sur les branches,

Il faut enfin que le terrain ne soit pas trop favorable à d'autres plantes; sinon, l'arbre, abandonné à lui-même, serait étouffé par la concurrence et l'envahissement d'une végétation plus forte. Si toutes ces conditions se rencontrent, le petit oranger croîtra, deviendra adulte, en produira d'autres, qui se reproduiront eux-mêmes Sans doute il pourra survenir des orages; des chutes de pierres, des morsures de chèvres détruiront certains plants. Mais, en somme, à travers les accidents qui tuent les individus, l'espèce se propagera, couvrira le sol, et, après un nombre suffisant d'années, on verra s'élever un bois florissant d'orangers. C'est ce qui arrive dans les gorges si bien abritées de l'Italie méridionale, aux environs de Sorrente et d'Amalfi, au bord des golfes, dans les petites vallées tièdes, rafraîchies par les eaux qui descendent des montagnes et caressées par la brise bienfaisante de la mer. Il a fallu tout ce concours de circonstances pour assembler ces belles têtes rondes, ces dômes luisants d'un vert intense et splendide, ces pommes d'or innombrables, cette végétation parfumée et précieuse qui, au milieu de l'hiver, fait de cette côte le jardin le plus riche et le plus éclatant.

Réfléchissons maintenant à la façon dont les choses se sont passées dans cet exemple. Vous venez de voir l'effet des circonstances et de la température physique. A parler précisément, ce ne sont point elles qui ont produit l'oranger. Les graines étaient données, et toute la puissance vitale était dans les graines seules. Mais les circonstances décrites étaient nécessaires pour que la plante pût croître et se propager, et, si elles avaient manqué, la plante eût manqué comme elles.

La conséquence est que, la température devenant autre, l'espèce des plantes deviendra autre. En effet, supposons des conditions toutes contraires à celles que je viens de décrire, un sommet de montagne battu par des vents violents, une croûte mince et rare de terre végétale, un climat froid, un été court, la neige pendant tout l'hiver : non seulement l'oranger n'y pourra naître, mais la plupart des autres arbres y périront. De toutes les semences apportées par le hasard, une seule réussira, et vous ne verrez durer et se propager qu'une espèce, la seule qui s'accommode à ces dures circonstances, le sapin ou le pin, qui couvrira les pics déserts, les longues croupes rocheuses, les pentes abruptes, de ses colonnades rigides et de ses grands manteaux d'un vert funèbre; et là, comme dans les Vosges, l'Écosse et la Norvège, vous voyagerez pendant des lieues entières sous des dômes muets, sur un tapis d'aiguilles desséchées, parmi des racines accrochées obstinément aux roches, dans le domaine de la plante énergique et patiente qui seule subsiste sous l'assaut incessant des rafales et le givre des longs hivers.

On peut donc se représenter la température et les circonstances physiques comme *faisant un choix* entre les différentes espèces d'arbres, et ne laissant subsister et se propager qu'une certaine espèce, à l'exclusion plus ou moins complète de toutes les autres. La température physique agit par éliminations, par suppressions, par *sélection* naturelle. Telle est la grande loi par laquelle on explique aujourd'hui l'origine et la structure des diverses formes vivantes, et elle s'applique au moral comme au physique, dans l'histoire comme dans la botanique et la zoologie, aux talents et aux caractères comme aux plantes et aux animaux.

En effet, il y a une température *moralé*, qui est l'état général des mœurs et des esprits, et qui agit de la même façon que l'autre. A proprement parler, elle ne produit pas les artistes; les génies et les talents sont donnés comme les graines; je veux dire que dans le même pays, à deux époques différentes, il y a très probablement le même nombre d'hommes de talent et d'hommes médiocres. En effet, on sait par la statistique que, dans deux générations successives, il se trouve à peu près le même nombre d'hommes ayant la taille requise pour la conscription et d'hommes trop petits pour être soldats. Selon toutes les vraisemblances, il en est pour les esprits comme pour les corps, et la Nature est une semeuse d'hommes qui, puisant toujours de la même main dans la même besace, répand à peu près la même quantité, la même qualité, la même proportion de graines dans les terrains qu'elle ensemence régulièrement et tour à tour. Mais, dans ces poignées de semence qu'elle jette autour d'elle en arpentant le temps et l'espace, toutes les graines ne germent pas. Une certaine température morale est nécessaire pour que certains talents se développent; si elle manque, ils avortent. Par suite, la température changeant, l'espèce des talents changera; si elle devient contraire, l'espèce des talents deviendra contraire, et, en général, on pourra concevoir la température morale comme *faisant un choix* entre les différentes espèces de talents, ne laissant se développer que telle ou telle espèce, excluant plus ou moins complètement les autres. C'est par un mécanisme de cette sorte que vous voyez, en certains temps et en certains pays, se développer dans les écoles tantôt le sentiment de l'idéal, tantôt celui du réel, tantôt celui du dessin, tantôt celui de la couleur. Il y a une direction régnante qui est celle du siècle; les talents qui voudraient pousser dans un autre sens trouvent l'issue fermée; la pression de l'esprit public et des mœurs environnantes les comprime ou les dévie en leur imposant une floraison déterminée.

III

Cette comparaison peut vous servir d'indication générale. Entrons maintenant dans les détails, et voyons
comment la température morale agit sur les œuvres
d'art.

Pour plus de clarté, nous prendrons un cas très
simple, simplifié exprès, celui d'un état d'esprit dans
lequel la tristesse est prédominante. Cette supposition
n'est pas arbitraire; un tel état s'est rencontré plus
d'une fois dans l'histoire des hommes, et il suffit, pour
le produire, de cinq ou six siècles de décadence, de
dépopulation, d'invasions étrangères, de famines, de
pestes, de misères croissantes. On a vu cela en Asie au
vi⁰ siècle avant Jésus-Christ, en Europe du iii⁰ au
x⁰ siècle de notre ère. Il arrive alors que les hommes
perdent le courage et l'espérance et considèrent la vie
comme un mal.

Regardons les effets d'un tel état d'esprit, joint aux
circonstances qui l'engendrent, sur les artistes de ce
temps. Nous admettons qu'il se rencontre alors à peu
près la même quantité de tempéraments mélancoliques, joyeux, intermédiaires entre la mélancolie et
la joie, que dans les autres époques. Comment et
dans quel sens la situation régnante va-t-elle les transformer?

Il faut d'abord remarquer que les malheurs qui attristent le public attristent aussi l'artiste. Comme il est une tête dans le troupeau, il subit les chances du troupeau. Par exemple, s'il y a des invasions de barbares, des pestes, des famines, des calamités de toutes sortes prolongées pendant des siècles et étendues sur tout le pays, il faudrait un miracle et des centaines de miracles, pour que l'inondation générale passât à côté de lui sans l'atteindre. Tout au contraire, il est probable et même certain qu'il aura sa part dans les maux publics, qu'il sera ruiné, battu, blessé, emmené en captivité comme les autres, que sa femme, ses enfants, ses parents, ses amis, auront le sort commun, qu'il souffrira et craindra pour eux comme pour lui-même. Sous cette pluie continue de misères personnelles, il deviendra moins joyeux, s'il est joyeux, et plus triste, s'il est triste. Voilà un premier effet du milieu.

D'autre part, l'artiste a été élevé parmi des contemporains mélancoliques; partant, les idées qu'il a reçues dans son enfance et celles qu'il reçoit encore tous les jours sont mélancoliques. La religion régnante, qui s'est accommodée au lugubre train des choses, lui dit que la terre est un exil, le monde un cachot. la vie un mal, et que toute notre affaire est de mériter d'en sortir. La philosophie, construisant la morale d'après le lamentable spectacle de la décadence humaine, lui prouve qu'il vaudrait mieux ne pas être né. La conversation courante ne lui apporte qu'événements funèbres, invasion d'une province, ruine d'un monument, oppression des faibles, guerres civiles des forts. L'observation journalière ne lui présente que des images de découragement et de deuil, des mendiants, des affamés, un pont brisé qu'on ne répare plus, un faubourg abandonné qui s'effondre, des champs en friche, les murs noirs d'une maison brûlée. Toutes ces impressions s'enfoncent en lui depuis la première année de sa vie jusqu'à la dernière, et aggravent incessamment la mélancolie qui lui vient de ses propres maux.

Elles l'aggravent d'autant plus qu'il est plus foncièrement artiste. Car, ce qui le fait artiste, c'est l'habitude de dégager dans les objets le caractère essentiel et les traits saillants; les autres hommes ne voient que des portions, il saisit l'ensemble et l'esprit. Et, comme ici le caractère saillant est la tristesse, c'est la tristesse qu'il aperçoit dans les choses. Bien plus, par cet excès d'imagination et cet instinct d'exagération qui lui sont propres, il l'amplifie, il le porte à l'outrance, il s'en imprègne et il en imprègne ses œuvres, en sorte que d'ordinaire il voit et peint les choses avec des couleurs encore plus noires que ne le feraient ses contemporains.

Il faut bien dire aussi que dans ce travail il trouve chez eux de l'aide. Car vous savez qu'un homme qui peint ou écrit ne reste pas seul vis-à-vis de son écritoire ou de son tableau. Au contraire, il sort, cause, regarde, reçoit les indications de ses amis, de ses rivaux, cherche des suggestions dans les livres et dans les œuvres d'art environnantes. Une idée ressemble à une semence; si la semence a besoin, pour germer, se

développer et fleurir, de la nourriture que lui apportent
l'eau, l'air, le soleil et le sol, l'idée, pour s'achever et
trouver sa forme, a besoin des compléments et des
accroissements que lui fournissent les esprits voisins.
Or, dans ces temps de tristesse, quelle sorte de suggestions les esprits voisins peuvent-ils fournir? Des suggestions tristes; car les hommes n'ont travaillé que de ce
côté-là. Comme ils n'ont d'expérience que celle des
sensations ou des sentiments pénibles, ils n'ont pu
remarquer des nuances et faire des découvertes qu'en
matière de souffrance; c'est toujours son cœur qu'on
observe, et, s'il n'est rempli que par la peine, on ne
peut étudier que la peine. Ils sont donc savants en fait
de douleur, de chagrin, de désespoir, d'abattement, et
en cela seulement. Si l'artiste leur demande quelque
instruction, ils ne lui donneront que celle-là; chercher
auprès d'eux quelque idée ou renseignement sur les
diverses sortes ou les différentes expressions de la joie,
serait peine perdue; ils ne peuvent fournir que ce qu'ils
ont. C'est pourquoi, quand il travaillera à représenter
le bonheur, l'allégresse ou la gaieté, il sera seul, dénué
de toute aide, livré à ses propres forces, et la force
d'un homme isolé est toujours petite; aussi son œuvre
sera médiocre. Au contraire, quand il voudra représenter les sentiments mélancoliques, il aura l'aide de
tout son siècle, il trouvera des matériaux préparés par
les écoles précédentes, un art tout fait, des procédés
connus, une voie tracée. Une cérémonie d'église, un
ameublement, une conversation, lui suggéreront la

forme, la couleur, la phrase ou le personnage qui lui manquait encore ; et son œuvre, à laquelle auront contribué secrètement des millions de collaborateurs inconnus, sera d'autant plus belle, qu'outre son travail et son génie elle contiendra le génie et le travail du peuple qui l'entoure et des générations qui l'ont précédé.

Il y a encore une raison, la plus forte de toutes, qui le tourne vers les sujets tristes : c'est que son œuvre, une fois exposée aux yeux du public, ne sera goûtée que si elle exprime la mélancolie. En effet, les hommes ne peuvent comprendre que des sentiments analogues à ceux qu'ils éprouvent. Les autres sentiments, si bien exprimés qu'ils puissent être, n'ont point de prise sur eux ; les yeux regardent, mais le cœur ne sent pas, et tout de suite les yeux se détournent. Imaginez un homme qui a perdu sa fortune, sa patrie, ses enfants, sa santé, sa liberté, qui a été tenu vingt ans aux fers dans un cachot, comme Pellico ou Andryane, dont le caractère s'est par degrés altéré et brisé, qui est devenu mélancolique et mystique, dont le découragement est incurable : il aura horreur des airs de danse ; il ne lira pas volontiers Rabelais ; si vous le conduisez devant les corps joyeux et brutaux de Rubens, il se détournera ; il ne verra volontiers que des tableaux de Rembrandt ; il n'aimera que des airs de Chopin, il n'écoutera que les poésies de Lamartine ou de Heine. La même chose arrive au public ; son goût dépend de son état ; sa tristesse lui donne le goût des œuvres

tristes. Il rejettera donc toutes celles qui sont gaies;
il blâmera ou négligera l'artiste. Or, vous savez qu'un
artiste ne compose que pour être apprécié et loué;
c'est sa passion dominante. Voilà donc, outre tant
d'autres causes, sa passion dominante qui, jointe au
poids de l'opinion publique, l'incline, le pousse et le
ramène sans cesse vers l'expression de la mélancolie,
en lui barrant les voies qui le conduiraient à la peinture de l'insouciance et du bonheur.

Par cette série de barrières, tout passage sera fermé
aux œuvres d'art qui voudraient manifester la joie. Si
l'artiste franchit la première, il sera arrêté par la
seconde, et ainsi de suite. S'il se rencontre des naturels joyeux, ils seront attristés par leurs malheurs
personnels. L'éducation et la conversation courante les
rempliront d'idées tristes. La faculté particulière et
supérieure par laquelle ils dégagent et amplifient les
caractères saillants des objets ne démêlera dans les
objets que les caractères tristes. L'expérience et le
travail des autres ne leur fourniront de suggestions et
de coopération que dans les sujets tristes. Enfin, la
volonté décisive et bruyante du public ne leur permet-
tra que des sujets tristes. Par conséquent, l'espèce des
artistes et des œuvres d'art propres à manifester la
belle humeur et la joie disparaîtra ou finira par se
réduire à presque rien.

Considérez maintenant le cas inverse, celui d'un
temps dans lequel l'état général des esprits est la joie.
Cela arrive dans les âges de renaissance, quand la sécu-

rité, la richesse, la population, le bien-être, la prospérité, les inventions belles ou utiles, vont s'accroissant. En renversant les termes, toute l'analyse que nous venons de faire s'y applique mot à mot, et le même raisonnement établit que toutes les œuvres d'art exprimeront, plus ou moins bien, la joie.

A présent, considérez un cas intermédiaire, c'est-à-dire tel mélange et telle espèce de joie et de tristesse, ce qui est l'état ordinaire. En modifiant convenablement les termes, toute l'analyse s'applique avec une exactitude égale ; le même raisonnement établit que les œuvres d'art exprimeront un mélange correspondant et une espèce correspondante de joie ou de tristesse.

Concluons donc qu'en tout cas compliqué ou simple le milieu, c'est-à-dire l'état général des mœurs et de l'esprit, détermine l'espèce des œuvres d'art, en ne souffrant que celles qui lui sont conformes et en éliminant les autres espèces, par une série d'obstacles interposés et d'attaques renouvelées à chaque pas de leur développement.

IV.

Sortons maintenant des cas supposés et simplifiés pour la clarté de l'exposition, et arrivons aux cas réels. Vous allez voir, en parcourant la série des principales époques historiques, la vérification de la loi. J'en prendrai quatre, qui sont les quatre grands moments de la civilisation européenne, l'antiquité grecque et romaine, le moyen âge féodal et chrétien, les monarchies nobiliaires et régulières du xviie siècle, et la démocratie industrielle régie par les sciences, dans laquelle nous vivons aujourd'hui. Chacune de ces périodes a son art ou son genre d'art qui lui est propre, sculpture, architecture, théâtre, musique, du moins quelque espèce déterminée de chacun de ces grands arts, en tout cas une végétation distincte, singulièrement abondante et complète, qui, dans ses traits principaux, reflète les traits principaux de l'époque et de la nation. Considérons tour à tour les différents terrains; nous y verrons tour à tour naître les différentes fleurs.

V

Il y a trois mille ans environ, on vit paraître sur les côtes et dans les îles de la mer Égée une race très belle et très intelligente qui entendait la vie d'une façon toute nouvelle. Elle ne se laissa pas absorber par une grande conception religieuse à la façon des Hindous et des Égyptiens, ni par une grande organisation sociale comme les Assyriens et les Perses, ni par une grande pratique industrielle et commerciale comme les Phéniciens et les Carthaginois. Au lieu d'une théocratie et d'une hiérarchie de castes, au lieu d'une monarchie et d'une hiérarchie de fonctionnaires, au lieu d'un grand établissement de trafic et de commerce, les hommes de cette race eurent une invention propre, la *cité*, chaque cité en produisant d'autres, et chaque rejeton, une fois détaché de la souche, donnant naissance à d'autres rejetons. Une d'elles, Milet, en produisit trois cents et colonisa toute la côte de la mer Noire. Les autres firent de même, et, de Cyrène à Marseille, le long des golfes et des promontoires de l'Espagne, de l'Italie, de la Grèce, de l'Asie Mineure, de l'Afrique, elles tressèrent une couronne de villes florissantes autour de la Méditerranée.

Comment vivait-on dans cette cité[1]? Un citoyen y

1. Grote, *History of Greece*, II, 337. — Bœckh, *Économie poli-*

travaillait peu de ses mains; d'ordinaire il était approvisionné par des sujets et des tributaires, et toujours il était servi par des esclaves. Le plus pauvre en avait un pour l'entretien de sa maison. Athènes en comptait quatre pour un citoyen, et des cités ordinaires, Égine, Corinthe, en possédaient quatre à cinq cent mille; ainsi les serviteurs abondaient. D'ailleurs le citoyen n'avait pas grand besoin de service. Il était sobre comme toutes les races fines et méridionales, vivait de trois olives, d'une gousse d'ail, d'une tête de sardine[1]; pour tout vêtement, il avait des sandales, une demi-chemise, un gros manteau comme celui des pâtres. Sa maison était une bâtisse étroite, mal maçonnée, peu solide; les voleurs entraient en perçant le mur[2]; on y dormait, c'était là son principal usage; un lit, deux ou trois belles amphores, voilà les principaux meubles. Le citoyen n'avait pas de besoins et passait la journée en plein air.

À quoi occupait-il son loisir? N'ayant à servir ni roi ni prêtre, il était libre et souverain, pour sa part, dans la cité. C'est lui qui choisissait ses magistrats et ses pontifes; il pouvait lui-même, à son tour, être élu aux sacerdoces et aux charges; fût-il corroyeur ou forgeron, il jugeait dans les tribunaux les plus grands procès politiques, et décidait dans les assemblées des plus

tique des *Athéniens*, I, 61. — Wallon, *De l'Esclavage dans l'antiquité*.

1. Aristophane, *Grenouilles.* — Lucien, *le Coq.*
2. Leur nom propre est *perceur de murs.*

grandes affaires de l'État. En somme, les affaires publiques et la guerre, voilà son office. Il est tenu d'être
politique et soldat; le reste est, à ses yeux, d'importance médiocre : selon lui, toute l'attention d'un homme
libre doit s'appliquer à ces deux emplois. Et il a raison : car en ce temps-là la vie humaine n'est pas pro-
tégée comme au nôtre, et les sociétés humaines n'ont
pas la solidité qu'elles ont acquise chez nous. La plupart de ces cités, assises et éparses sur les côtes de la
Méditerranée, sont entourées de Barbares qui volontiers
feraient d'elles leur proie ; le citoyen est obligé d'être
sous les armes, comme aujourd'hui l'Européen établi
dans la Nouvelle-Zélande ou au Japon; sinon, Gaulois,
Libyens, Samnites, Bithyniens, camperaient bien vite
sur les débris de l'enceinte forcée et des temples mis
en cendres. D'ailleurs les cités sont ennemies entre
elles, et le droit de la guerre est atroce; le plus souvent
une cité vaincue est une cité détruite. Tel homme riche
et considéré peut voir le lendemain sa maison brûlée,
ses biens pillés, sa femme et sa fille vendues pour
recruter les lieux de prostitution ; lui-même, avec ses
fils, devenu esclave, sera enfoui dans les mines, ou
tournera la meule sous les coups de fouet. Quand
les risques sont si grands, il est naturel qu'on s'occupe
des intérêts de l'État et qu'on sache se battre; on
est politique sous peine de mort — On l'est encore
par ambition, par amour de la gloire. Il s'agit pour
chaque cité d'assujettir ou d'abaisser les autres,
d'acquérir des vassaux, de conquérir ou d'exploiter

autrui[1]. Le citoyen passe sa vie dans la place publique, discutant sur les meilleurs moyens de conserver et d'agrandir sa ville, sur les alliances et les traités, sur la constitution et les lois, écoutant les orateurs, parlant lui-même, jusqu'au moment où il monte dans son vaisseau pour combattre en Thrace ou en Égypte, contre des Grecs, des Barbares ou contre le Grand Roi.

Pour atteindre à ce but, ils avaient inventé une discipline particulière. En ce temps-là, comme on n'avait pas d'industrie, on ne connaissait pas les machines de guerre; on se battait corps à corps. Partant, l'essentiel pour vaincre à la guerre était, non de transformer les soldats en automates de précision, comme aujourd'hui, mais de faire de chaque soldat le corps le plus résistant, le plus fort et le plus agile, bref, le gladiateur de la meilleure trempe, et capable de durer le plus longtemps. A cet effet, Sparte, qui, vers le viiie siècle, donna l'exemple et le branle à toute la Grèce, avait un régime très compliqué et non moins efficace. Elle-même était un camp sans murailles, comme nos stations de Kabylie, situé au milieu de vaincus et d'ennemis, tout militaire, et tourné tout entier vers la défense et le combat. Il s'agissait d'abord, pour avoir des corps parfaits, de fabriquer de belles races; on s'y prenait comme dans les haras. On tuait les enfants mal conformés. De plus, la loi réglait l'âge des mariages, choisissait le moment

1. Thucydide, livre Ier. Voyez les diverses expéditions des Athéniens entre la paix de Cimon et la guerre du Péloponèse.

et les circonstances les plus favorables pour bien engendrer. Un vieillard qui avait une jeune femme était tenu de lui amener un jeune homme, pour lui donner des enfants bien constitués. Un homme d'âge ordinaire, s'il avait un ami dont il admirât le caractère et la beauté, pouvait lui prêter sa femme[1]. Après avoir fabriqué la race, on façonnait l'individu. Les jeunes gens étaient enrégimentés, exercés, habitués à vivre en commun, comme des enfants de troupe. Ils étaient divisés en deux bandes rivales, qui se surveillaient et se battaient à coups de pied et de poing. Ils couchaient en plein air, se baignaient dans les froides eaux de l'Eurotas, allaient à la maraude, mangeaient peu, vite et mal, couchaient sur un lit de roseaux, ne buvaient que de l'eau, supportaient toutes les intempéries de l'air; les jeunes filles s'exerçaient comme eux, et les adultes étaient astreintes à des pratiques presque semblables. Sans doute, dans les autres cités, la rigueur de la discipline antique s'était adoucie ou était moindre. Néanmoins, avec des atténuations, on allait au même but par un chemin pareil. Les jeunes gens passaient la plus grande partie du jour dans les gymnases, à lutter, sauter, boxer, courir, lancer le disque, fortifiant et assouplissant leurs muscles nus. Il s'agissait de se faire le corps le plus robuste, le plus dispos, le plus beau qu'il était possible, et nulle éducation n'y a mieux réussi que celle-là[2].

1. Xénophon, *la République des Lacédémoniens*, passim.
2. *Dialogues* de Platon. — Aristophane, *Nuées*.

De ces mœurs propres aux Grecs naquirent des idées particulières. Le personnage idéal à leurs yeux fut, non pas l'esprit pensant où l'âme délicatement sensible, mais le corps nu, de bonne race et de belle pousse, bien proportionné, actif, accompli dans tous les exercices. Cette façon de penser se manifeste par une multitude de traits. — En premier lieu, tandis qu'autour d'eux les Cariens, les Lydiens, et en général tous leurs voisins barbares, avaient honte de paraître nus, ils se dépouillaient sans difficulté de leurs habits pour lutter et courir[1]. Les jeunes filles elles-mêmes, à Sparte, s'exerçaient à peu près nues. Vous voyez que les habitudes gymnastiques avaient supprimé ou transformé la pudeur. — En second lieu, leurs grandes fêtes nationales, les jeux olympiques, pythiques et néméens, étaient l'étalage et le triomphe du corps nu. Les jeunes gens des premières familles y arrivaient de toutes les parties de la Grèce et des plus lointaines colonies grecques; ils s'y préparaient de longue main par un régime particulier et un travail assidu; et là, sous les yeux et les applaudissements de toute la nation, dépouillés de leurs habits, ils luttaient, boxaient, lançaient le disque, couraient à pied ou en char. Ces victoires, que nous laissons aujourd'hui à des hercules de foire, paraissaient alors les premières de toutes. L'athlète vainqueur dans la course à pied donnait son nom à l'olympiade; les plus grands poètes le célébraient; le plus illustre lyrique de l'anti-

1. Usage adopté par les Lacédémoniens vers la 14ᵉ olympiade. — Platon, *Charmide*.

quité, Pindare, n'a guère fait que chanter des courses
de chars. Quand l'athlète vainqueur revenait dans sa
ville, il était reçu en triomphe, et sa force, son agilité,
devenaient l'honneur de la cité. Un d'eux, Milon de
Crotone, invincible à la lutte, fut choisi comme général
et conduisit ses concitoyens à la bataille, vêtu d'une
peau de lion, armé d'une massue, comme Hercule, à
qui on le comparait. On conte qu'un certain Diagoras,
ayant vu le même jour couronner ses deux fils, fut
porté par eux en triomphe aux yeux de l'assistance, et
que, trouvant un pareil bonheur trop grand pour un
mortel, le peuple lui criait : « Meurs, Diagoras, car
« enfin tu ne peux pas devenir Dieu. » Diagoras, en
effet, suffoqué par l'émotion, mourut dans les bras de
ses enfants; à ses yeux, aux yeux des Grecs, voir que
ses fils avaient les poings les plus robustes et les jambes
les plus agiles de la Grèce, c'était le comble de la félicité terrestre. Vérité ou légende, un pareil jugement
prouve avec quel excès on admirait la perfection du
corps.

C'est pourquoi on ne craignait point de l'étaler devant
les dieux, aux fêtes solennelles. Il y avait une science
des attitudes et des mouvements, nommée orchestrique,
qui réglait et enseignait les belles poses des danses
sacrées. Après la bataille de Salamine, le poète tragique
Sophocle, alors âgé de quinze ans et célèbre par sa
beauté, se dépouilla de ses habits pour danser et chanter
le Péan devant le trophée. Cent cinquante ans plus
tard, Alexandre, passant en Asie Mineure pour com-

battre Darius, se mit nu avec ses compagnons afin d'honorer par des courses le tombeau d'Achille. On allait plus loin encore; on considérait la perfection du corps comme le caractère de la divinité. Dans une ville de Sicile, un jeune homme extrêmement beau fut adoré à cause de sa beauté, et, après sa mort, on lui éleva des autels[1]. Dans Homère, qui est la Bible des Grecs, vous trouverez partout que les dieux ont un corps humain, une chair que les lances peuvent déchirer, un sang vermeil qui coule, des instincts, des colères, des plaisirs tout semblables aux nôtres, à ce point que les héros deviennent les amants des déesses, et que les dieux ont des enfants des mortelles. De l'Olympe à la terre, il n'y a point d'abîme; ils en descendent et nous y montons; s'ils nous surpassent, c'est seulement parce qu'ils sont exempts de la mort, parce que leur chair blessée guérit vite, parce qu'ils sont plus forts, plus beaux et plus heureux que nous. Au reste, comme nous, ils mangent, boivent, se battent, jouissent de tous leurs sens et de toutes leurs facultés corporelles. La Grèce a si bien fait du bel animal humain son modèle, qu'elle en a fait son idole, et qu'elle le glorifie sur la terre en le divinisant dans le ciel.

De cette conception naquit la statuaire, et l'on peut marquer tous les moments de son éclosion. — D'un côté, l'athlète couronné une fois a droit à une statue, et, s'il est couronné trois fois, à une statue iconique,

____

1. Hérodote.

c'est-à-dire à une effigie qui soit son portrait. D'autre part, les dieux n'étant que des corps humains plus sereins et plus parfaits que les autres, il est naturel de les représenter par des statues. On n'a pas besoin pour cela de forcer le dogme. L'effigie de marbre ou d'airain n'est pas une allégorie, mais une image exacte; elle ne prête pas au dieu des muscles, des os, une pesante enveloppe qu'il n'a pas; elle figure le revêtement de chair qui le couvre et la forme vivante qui est sa substance. Il suffit, pour être un portrait véridique, qu'elle soit la plus belle de toutes, et reproduise le calme immortel par lequel le dieu s'élève au-dessus de nous.

Voilà la statue sur le chantier; le sculpteur saura-t-il la faire ? Considérez sa préparation. Les hommes de ce temps ont observé le corps nu et en mouvement, au bain, dans les gymnases, dans les danses sacrées, dans les jeux publics. Ils ont remarqué et préféré celles de ses formes et de ses attitudes qui manifestent la vigueur, la santé et l'activité. Ils ont travaillé, de tout leur effort, à lui imprimer ces formes et à lui enseigner ces attitudes. Pendant trois ou quatre cents ans, ils ont ainsi corrigé, épuré, développé leur idée de la beauté physique. Rien d'étonnant s'ils arrivent enfin à découvrir le modèle idéal du corps humain. Pour nous qui le connaissons aujourd'hui, c'est d'eux que nous l'avons reçu. Quand, au sortir de l'âge gothique, Nicolas de Pise et les premiers sculpteurs quittèrent les formes grêles, osseuses et laides de la tradition hiératique, c'est sur des bas-reliefs grecs conservés ou déterrés qu'ils prirent exemple; et, si aujourd'hui, oubliant nos corps mal venus ou gâtés de plébéiens ou de penseurs, nous voulons retrouver quelque ébauche de la forme parfaite, c'est dans ces statues, monuments de la vie gymnastique, oisive et noble, que nous allons chercher nos enseignements.

Non seulement la forme en est parfaite, mais encore, ce qui est unique, elle suffit à la pensée de l'artiste. Les Grecs, ayant attribué au corps une dignité propre, ne sont pas tentés, comme les modernes, de le subordonner à la tête. Une poitrine qui respire bien, un tronc solidement assis sur les hanches, un jarret nerveux qui lancera agilement le corps, les intéressent; ils ne sont pas surtout préoccupés, comme nous, par l'ampleur du front pensif, par le froncement du sourcil irrité, par le pli de la lèvre railleuse. Ils peuvent rester dans les conditions de la statuaire parfaite qui laisse les yeux sans prunelle et la tête sans expression, qui préfère les personnages tranquilles ou occupés à une petite action insignifiante, qui d'ordinaire n'emploie qu'une couleur uniforme, celle du bronze ou celle du marbre, qui laisse à la peinture l'agrément pittoresque, qui abandonne à la littérature l'intérêt dramatique, qui, enchaînée, mais ennoblie par la nature de ses matériaux et par l'étroitesse de son domaine, évite la représentation des particularités, de la physionomie, des accidents, des agitations humaines, pour dégager la forme abstraite et pure, et faire luire dans ses sanctuaires la blancheur immobile des pacifiques et augustes

effigies en qui le genre humain reconnaît ses héros et
ses dieux. — Aussi bien, la statuaire est l'art central de
la Grèce, tous les autres s'y rapportent, l'accompagnent
ou l'imitent; aucun n'a si bien exprimé la vie nationale;
aucun n'a été si cultivé et si populaire. Autour de
Delphes, dans les cent petits temples qui gardaient les
trésors des cités, « tout un peuple de marbre, d'or,
« d'argent, de cuivre, d'airain, de vingt airains divers
« et de toute teinte, des milliers de morts glorieux, en
« groupes irréguliers, assis, debout, rayonnaient, véri-
« tables sujets du Dieu de la lumière[1] ». Quand plus
tard Rome eut dépouillé le monde grec, l'énorme ville
eut son peuple de statues presque égal à sa population
de vivants. Aujourd'hui, après tant de destructions et
de siècles, on estime qu'on a retiré de Rome et de sa
campagne plus de soixante mille statues. On n'a jamais
revu une pareille floraison de la sculpture, une si prodigieuse abondance de fleurs, de fleurs si parfaites,
une pousse si aisée, si continue et si variée; vous venez
d'en trouver la cause, en creusant le terrain de couche
en couche, et en remarquant que toutes les assises du
sol humain, institutions, mœurs, idées, **ont contribué**
à la nourrir.

1. Michelet, *Bible de l'humanité*, 205.

Cette organisation militaire, propre à toutes les cités antiques, avait, à la longue, eu son effet, un effet triste La guerre étant l'état naturel, les plus fortes avaient conquis les plus faibles. Plus d'une fois, on avait vu se former des États considérables, sous la conduite ou sous la tyrannie d'une cité prépondérante ou victorieuse. À la fin il s'en trouva une, Rome, qui plus énergique, plus patiente et plus habile, plus capable de subordination et de commandement, de vues suivies et de calculs pratiques, parvint, après sept cents ans d'efforts, à enfermer sous sa domination tout le bassin de la Méditerranée et plusieurs grands pays environnants. Pour y arriver, elle s'était soumise au régime militaire, et, comme un fruit sort d'un germe, le despotisme militaire en était sorti. Ainsi se forma l'Empire, et, vers le premier siècle de notre ère, le monde, organisé sous une monarchie régulière, parut enfin trouver l'ordre et la paix. Il ne trouva que la décadence. Dans l'horrible écrasement de la conquête, les cités avaient péri par centaines et les hommes par millions. Les vainqueurs eux-mêmes s'étaient massacrés pendant un siècle, et l'univers civilisé, vidé d'hommes libres, s'était à demi vidé d'habitants[1]. Les citoyens, devenus sujets et

1. *Rome, trente ans avant Jésus-Christ*, par Victor Duruy.

n'ayant plus de grand but à poursuivre, s'abandonnaient à l'inertie ou au luxe, refusaient de se marier et n'avaient pas d'enfants. Comme on ne connaissait point les machines et que tout se faisait par le travail à la main, les esclaves, chargés de pourvoir avec leurs bras aux raffinements, aux jouissances, aux pompes de la société tout entière, disparaissaient accablés sous un poids trop lourd. Au bout de quatre cents ans, l'empire énervé et dépeuplé n'eut plus assez d'hommes ni d'énergie pour repousser les Barbares. Leur flot entra, crevant les digues, et, après le premier flot, un autre, puis encore un autre, et ainsi de suite pendant cinq cents ans. Le mal qu'ils firent ne peut pas se peindre : peuples exterminés, monuments détruits, champs dévastés, villes incendiées, industrie, beaux-arts et sciences mutilés, dégradés, oubliés, la crainte, l'ignorance et la brutalité partout répandues et établies; c'étaient des sauvages, comme les Hurons ou les Iroquois, campés tout d'un coup au milieu d'un monde cultivé et pensant comme le nôtre. Figurez-vous une bande de taureaux lâchés parmi les meubles et les tentures d'un palais, après cette bande, une autre, en sorte que les débris laissés par la première périssent sous les sabots de la seconde, et qu'à peine installé dans son désordre chaque troupeau de brutes doit se relever pour heurter de ses cornes un troupeau mugissant d'envahisseurs inassouvis. Lorsque enfin, au xe siècle, la dernière bande eut trouvé sa litière et fait sa bauge, la condition des hommes ne parut pas devenir meilleure. Les chefs bar-

bares, devenus châtelains féodaux, se battaient entre
eux, pillaient les paysans, brûlaient les récoltes, détrous-
saient les marchands, volaient et maltraitaient à plaisir
leurs misérables serfs. Les terres restaient en friche et
les vivres manquaient. Au xi⁰ siècle, sur soixante-dix
ans, on compte quarante années de famine. Un moine,
Raoul Glaber, raconte qu'il était passé en usage de
manger de la chair humaine; un boucher fut brûlé vif
pour en avoir exposé à son étal. Ajoutez que, dans la
saleté et la misère universelles, par l'oubli des règles
les plus ordinaires de l'hygiène, les pestes, la lèpre, les
épidémies, s'étaient acclimatées comme sur leur terrain.
On en était arrivé aux mœurs des anthropophages de la
Nouvelle-Zélande, à l'abrutissement ignoble des Calé-
doniens et des Papous, au plus bas fond du cloaque
humain, puisque le souvenir du passé empirait la misère
présente, et que les quelques têtes pensantes, qui lisaient
encore l'ancienne langue, sentaient obscurément l'im-
mensité de la chute et toute la profondeur de l'abîme
dans lequel le genre humain s'enfonçait depuis mille
ans.

Vous devinez les sentiments qu'un pareil état de
choses, si prolongé et si violent, avait implantés dans
ces âmes. C'était d'abord l'abattement, le dégoût de la
vie, la mélancolie noire. « Le monde, disait un écri-
« vain du temps, n'est plus qu'un abîme de méchan-
« ceté et d'impudicité. » La vie semblait un enfer
anticipé. Quantité de gens s'en retiraient, et non seulement des pauvres, des faibles, des femmes, mais des

seigneurs souverains et jusqu'à des rois. Pour les âmes un peu nobles ou un peu fines, mieux valait la monotonie et la paix du cloître. Aux approches de l'an mil, on crut à la fin du monde, et beaucoup de gens, saisis d'effroi, donnèrent leurs biens aux églises et aux couvents. — D'autre part, en même temps que la terreur et le découragement, on vit naître l'exaltation nerveuse. Quand les hommes sont trop malheureux, ils deviennent excitables, comme les malades et les prisonniers ; leur sensibilité s'accroît et acquiert une délicatesse féminine. Leur cœur a des caprices, des violences, des abattements, des excès et des effusions qui leur manquaient lorsqu'ils étaient sains. Ils sortent des sentiments moyens qui seuls peuvent entretenir l'action continue et virile : ils rêvent, pleurent, s'agenouillent, deviennent incapables de se suffire à eux-mêmes, imaginent des douceurs, des transports, des tendresses infinies, veulent épancher les raffinements et les enthousiasmes de leur imagination surexcitée et intempérante ; bref ils sont disposés à aimer. En effet, on vit alors se développer, avec une exagération énorme, une passion inconnue à la grave et mâle antiquité, je veux dire l'amour chevaleresque et mystique. On subordonna l'amour calme et raisonnable, qui convient au mariage, à l'amour extatique et désordonné, qui se rencontre hors du mariage. On en distingua les finesses et l'on en dressa la charte dans des tribunaux présidés par les dames. On y décida « que l'amour ne « pouvait exister entre époux », « que l'amour ne pou-

« vait rien refuser à l'amour[1] ». On cessa de considérer la femme comme une créature de chair semblable à l'homme. On fit d'elle une divinité. On trouva
l'homme trop payé par le droit de l'adorer et de la
servir. On considéra l'amour humain comme un sentiment céleste qui conduisait à l'amour divin et se
confondait avec lui. Les poètes changèrent leur maîtresse en une Vertu surnaturelle, et la prièrent de les
guider jusque dans l'empyrée et le tabernacle de Dieu.
— Vous vous figurez aisément quelles prises des sentiments pareils donnaient à la religion chrétienne. Le
dégoût du monde et l'aptitude à l'extase, le désespoir
habituel et les besoins infinis de tendresse poussent
naturellement les hommes vers une doctrine qui représente la terre comme une vallée de larmes, la vie présente comme une épreuve, le ravissement en Dieu
comme le bonheur suprême, l'amour de Dieu comme
le premier devoir. La sensibilité endolorie ou frémissante trouve son aliment dans l'infini de la terreur et
dans l'infini de l'espérance, dans la peinture des
gouffres de flammes et de l'enfer éternel, dans la conception du paradis rayonnant et des délices ineffables.
Ainsi appuyé, le christianisme gouverne les âmes,
inspire les arts, emploie les artistes. « Le monde, dit
« un contemporain, secoue ses vieux haillons pour
« faire revêtir à ses églises des robes blanches, » et
l'architecture gothique apparaît.

1. André le chapelain.

Voyons s'élever le nouvel édifice. Par opposition aux religions antiques qui étaient toutes locales et appartenaient à des castes ou à des familles, le christianisme est une religion universelle qui s'adresse à la foule et appelle tous les hommes au salut; il faut donc que l'édifice soit très vaste et puisse contenir toute la population d'un district ou d'une cité, femmes, enfants, serfs, artisans et pauvres, aussi bien que les nobles et les seigneurs. La petite *cella* qui renfermait la statue du dieu grec, le portique devant lequel se développait la procession des citoyens libres, ne suffiraient point à cette multitude. Elle a besoin d'un vaisseau énorme, de larges nefs redoublées et traversées par d'autres, de voûtes démesurées, de piliers colossaux, et les générations d'ouvriers, qui viennent en foule pendant des siècles travailler ici pour le salut de leur âme, dépèceront des montagnes avant d'achever le monument.

Les hommes qui entrent ici ont l'âme triste, et les idées qu'ils y viennent chercher sont douloureuses; ils pensent à cette méprisable vie si tourmentée et bornée par un tel gouffre, à l'enfer et à ses supplices sans mesure, ni fin, ni trêve, à la passion du Christ agonisant sur sa croix, aux martyres des saints torturés par les persécuteurs. Sous ces enseignements de la religion et sous le poids de leurs propres craintes, ils s'accommoderaient mal de la gaieté et de la beauté simple du jour; ils ne laissent pas entrer la lumière claire et saine. L'intérieur de l'édifice reste noyé dans

une ombre lugubre et froide : le jour n'arrive que
transformé par les vitraux, en pourpre sanglante, en
splendeurs d'améthyste et de topaze, en mystiques
flamboiements de pierreries, en illuminations étranges,
qui semblent des percées sur le paradis.

Des imaginations délicates et surexcitées comme
celles-ci ne se contentent point de formes ordinaires.
Et d'abord la forme en elle-même ne suffit pas pour les
intéresser ; il faut qu'elle soit un symbole et désigne
quelque mystère auguste : l'édifice, par ses nefs opposées, représente la croix sur laquelle le Christ est
mort ; les rosaces, avec leurs pétales de diamants,
figurent la rose éternelle dont toutes les âmes rachetées
sont les feuilles ; les dimensions de toutes les parties
correspondent à des nombres sacrés. D'autre part, les
formes, par leur richesse, leur étrangeté, leur hardiesse, leur délicatesse, leur énormité, s'harmonisent
avec l'intempérance et les curiosités de la fantaisie
maladive. A de telles âmes il faut des sensations vives,
multiples, changeantes, extrêmes et bizarres. Elles
rejettent la colonne, la poutre horizontale et posée en
travers, le cintre, bref la forte assiette, les proportions
équilibrées, la belle nudité de l'architecture antique.
Elles ne sympathisent point avec ces êtres solides qui
semblent naître sans peine et durer sans effort, qui
arrivent à la beauté en même temps qu'à l'existence, et
dont l'excellence foncière n'a besoin ni d'additions ni
d'ornements.

Elles choisissent pour type, non pas la rondeur

simple de l'arcade ou le carré simple formé par la colonne et l'architrave, mais l'union compliquée de deux courbes cassées l'une par l'autre, qui est l'ogive. Elles aspirent au gigantesque, couvrent un quart de lieue de leurs entassements de pierres, amoncellent les colonnes en piliers monstrueux, portent les galeries dans les airs, exhaussent les voûtes jusqu'au ciel, échafaudent clochers sur clochers dans les nuages. Elles exagèrent la délicatesse des formes, enroulent autour des portails des étages de figurines, revêtent les parois de pignons et de gargouilles, entrelacent les sinuosités des meneaux dans la pourpre bigarrée des rosaces, brodent le chœur comme une dentelle, étendent sur les tombeaux, sur les autels, sur le chevet, sur les tours, l'enchevêtrement des colonnettes mignonnes, des torsades compliquées, des feuillages et des statues. On dirait qu'elles veulent atteindre en même temps l'infini dans la grandeur et l'infini dans la petitesse, accabler l'esprit des deux côtés à la fois, par l'énormité de la masse et par la prodigieuse abondance des détails. Il est visible qu'elles se proposent pour but une sensation extraordinaire, celle de l'émerveillement et de l'éblouissement.

Aussi bien, à mesure que cette architecture se développe, elle devient plus paradoxale. Au xivᵉ et au xvᵉ siècle, dans l'âge du gothique flamboyant, à Strasbourg, à Milan, à Nuremberg, dans l'église de Brou, il semble qu'elle renonce à la solidité pour se donner tout entière à l'ornement. Tantôt c'est une profusion de clochers superposés et multipliés dont elle se hérisse ; tantôt c'est une dentelle de moulures dont elle revêt tous ses dehors. Les murs évidés sont presque tout entiers occupés par les fenêtres ; l'appui manque ; sans les contreforts plaqués contre les parois, l'édifice croulerait ; il s'émiette incessamment. et des colonies de maçons, installées à ses pieds, réparent continuellement sa ruine continuelle. Cette broderie de pierre travaillée à jour, et qui va s'amincissant jusqu'à la flèche, ne tient point par elle-même ; il a fallu la coller sur une solide armature de fer, et le fer, en se rouillant, appelle la main de l'ouvrier, pour soutenir l'instabilité de cette mensongère magnificence. L'efflorescence de la décoration intérieure s'est si fort compliquée, les nervures ont si richement épanoui leur végétation épineuse et tordue, les stalles, la chaire et les grilles fourmillent d'un tel luxe d'arabesques fantastiquement embrouillées et déroulées, que l'église ne semble plus un monument, mais un bijou d'orfèvrerie. C'est une verrière diaprée, un filigrane gigantesque, une parure de fête, aussi ouvragée que celle d'une reine et d'une fiancée. Parure de femme nerveuse et surexcitée, semblable aux costumes extravagants du même siècle, et dont la poésie délicate, mais malsaine, indique, par son excès, les sentiments étranges, l'inspiration troublée, l'aspiration violente et impuissante, propres à un âge de moines et de chevaliers.

Cette architecture, qui a duré quatre siècles, ne s'est pas renfermée en un seul pays, ni limitée à un seul genre d'édifices ; elle a couvert toute l'Europe, de l'Écosse à la Sicile ; elle a construit tous les monuments civils et religieux, privés et publics ; elle a marqué à son empreinte, non seulement les cathédrales et les chapelles, mais les forteresses et les palais, les habits et les maisons bourgeoises, les ameublements et les équipements. En sorte que, par son universalité, elle exprime et atteste la grande crise morale, à la fois maladive et sublime, qui, pendant tout le moyen âge, a exalté et détraqué l'esprit humain.

VII

Les institutions humaines, comme les corps vivants,
se font et se défont par leur propre force, et leur santé
s'en va ou leur guérison s'opère par le seul effet de
leur nature et de leur situation. Parmi ces chefs féodaux qui gouvernaient et exploitaient les hommes au
moyen âge, il s'en trouva, dans chaque pays, un plus
fort, mieux placé, plus politique que les autres, qui se
fit le défenseur de la paix publique. Soutenu par
l'assentiment universel, il affaiblit, rallia, soumit ou
subordonna par degrés tout le reste, établit une admi-
nistration régulière et obéissante, et, sous le nom de
roi, devint le chef de la nation. Vers le xv⁰ siècle,
les barons, jadis ses égaux, n'étaient plus que ses
officiers ; vers le xvii⁰, ils n'étaient plus que ses
courtisans.

Pesez bien la force de ce mot. Un courtisan est un
homme de la cour du roi, j'entends un homme qui a
une charge ou un emploi domestique dans le palais, qui
est premier écuyer, chambellan, grand veneur, qui, à
ce titre, reçoit de l'argent et parle au maître avec tout
le respect obséquieux, avec toutes les humbles saluta-
tions convenables à l'emploi. Mais il n'est pas un simple
valet, comme dans les monarchies orientales. Le trisaïeul de son trisaïeul était l'égal, le compagnon, le pair

du roi ; à ce titre, il est lui-même d'une classe privilégiée, celle des gentilshommes ; aussi n'est-ce pas seulement par intérêt qu'il sert ses princes ; il met son
honneur à leur être dévoué. Ceux-ci, de leur côté, n'ou-
blient jamais de lui témoigner des égards. Louis XIV
jette sa canne par la fenêtre pour ne pas être tenté de
frapper Lauzun qui lui avait manqué. Le courtisan est
honoré par ses maîtres, traité comme un homme de
leur monde ; il vit familièrement avec eux, danse dans
leurs bals, dîne à leur table, monte dans leur carrosse,
s'assoit sur leurs fauteuils, est de leur salon. — Là-
dessus vous voyez naître la vie de cour en Italie et en
Espagne d'abord, puis en France, ensuite en Angleterre,
en Allemagne, et dans l'Europe du Nord. C'est en France
qu'elle eut son centre, et c'est Louis XIV qui lui a donné
tout son éclat.

Suivons les effets de ce nouvel état de choses sur les
caractères et les esprits. Le salon du roi étant le premier du pays, la société la plus choisie s'y rassemble,
et, partant, le personnage le plus admiré, l'homme accompli et que tout le monde se propose comme modèle,
c'est le grand seigneur admis dans la familiarité du
prince. Ce grand seigneur a des sentiments généreux.
Il se croit d'une race supérieure, et se dit que noblesse
oblige. Il est plus chatouilleux que personne sur le
point d'honneur, et risque sans difficulté sa vie pour la
moindre insulte ; sous Louis XIII, on comptait quatre
mille gentilshommes tués en duel. Aux yeux d'un
noble, le mépris du danger est le premier devoir d'une

âme bien née. Cet élégant, ce mondain si soigneux de ses rubans, si occupé de sa perruque, s'offre pour aller camper dans les boues de la Flandre, reste dix heures de suite à Neerwinden immobile sous les boulets; quand Luxembourg annonce qu'il va livrer bataille, Versailles se vide, et tous les galants musqués courent à l'armée comme au bal. Enfin, et par un reste de l'ancien esprit féodal, notre grand seigneur regarde le monarque comme son chef naturel et légitime; il sait qu'il se doit à lui, comme autrefois le vassal au suzerain; au besoin, il lui offrira son bien, son sang et sa vie; sous Louis XVI, des gentilshommes venaient en volontaires s'offrir au roi, et beaucoup d'entre eux, au 10 Août, se firent tuer pour lui.

Mais, d'autre part, ils sont courtisans, c'est-à-dire hommes du monde, et à ce titre parfaitement polis. Le roi lui-même leur donne l'exemple. Louis XIV se découvrait même pour une femme de chambre, et les *Mémoires* de Saint-Simon citent tel duc qui, saluant toujours, ne pouvait traverser les cours de Versailles que le chapeau à la main. Par la même raison, notre courtisan est expert dans les bienséances, habile à bien parler dans les circonstances difficiles, diplomate, maître de lui, accompli dans l'art de déguiser et d'atténuer la vérité, de flatter et ménager autrui, de ne jamais déplaire et de souvent plaire. — Tous ces talents et tous ces sentiments sont l'œuvre de l'esprit aristocratique raffiné par l'usage du monde; ils ont atteint leur perfection dans cette cour et dans ce siècle, et quand aujourd'hui nous voulons contempler ces plantes d'un parfum si fin, d'une forme si oubliée, nous sommes obligés de quitter notre société égalitaire, rude et mêlée, pour les admirer dans le jardin aligné, monumental, où elles ont fleuri.

Vous devinez que des gens ainsi faits ont dû se choisir des plaisirs appropriés à leur caractère. En effet, leur goût est semblable à leur personne, noble, puisqu'ils sont nobles, non seulement de naissance, mais encore de sentiments, correct, puisqu'ils sont élevés dans la pratique et le respect des bienséances. C'est ce goût qui, au xviie siècle, a façonné toutes les œuvres d'art, la peinture sobre, élevée, sévère, du Poussin et de Lesueur, l'architecture grave, pompeuse, étudiée, de Mansart et de Perrault, les jardins monarchiques et compassés de Le Nôtre. Vous trouveriez sa marque dans les ameublements, les costumes, les décorations d'appartetements, les carrosses, chez Perelle, Sébastien Leclerc, Rigaud, Nanteuil et tant d'autres. Avec ses groupes de dieux bien appris, ses charmilles symétriques, ses jets d'eau mythologiques, ses larges bassins factices, ses arbres taillés, élagués, disposés en manière de décoration architecturale, Versailles est le chef-d'œuvre du genre : édifices et parterres, tout y a été construit pour des hommes soigneux de leur dignité et observateurs des convenances. Mais l'empreinte est encore plus visible dans la littérature ; jamais, en France ni en Europe, on ne poussa si loin l'art de bien écrire. Vous savez que les plus grands écrivains français sont de cette époque,

Bossuet, Pascal, La Fontaine, Molière, Corneille, Racine, La Rochefoucauld, madame de Sévigné, Boileau, La Bruyère, Bourdaloue. Ce n'étaient pas seulement les grands hommes qui écrivaient bien, c'était tout le monde; Courier disait qu'une femme de chambre de ce temps-là en savait plus là-dessus qu'une académie moderne. En effet, le bon style était alors dans l'air; on le respirait sans y songer; la conversation, les lettres courantes, le répandaient; la cour l'enseignait; il entrait dans les façons des gens du monde. L'homme poursuivant la noblesse et la correction dans tous ses dehors, l'atteignait dans ce dehors qu'on nomme l'écriture et la parole. Entre tant de genres littéraires, il en est un, la tragédie, qui se développa avec une perfection singulière, et c'est dans ce genre, le premier de tous, qu'on trouve alors le plus éclatant exemple de la concordance qui lie ensemble les hommes et les œuvres, les mœurs et les arts.

Remarquons d'abord les traits généraux de la tragédie; ils sont tous calculés pour plaire à des seigneurs et à des gens de cour. Le poète ne manque pas d'atténuer la vérité, qui de sa nature est souvent crue; il ne met point de meurtres sur le théâtre, il dissimule les brutalités, il écarte les violences, les coups de main, les tueries, les cris et les râles, tout ce qui choquerait les sens d'un spectateur habitué à la modération et aux élégances d'un salon. Par la même raison, il exclut le désordre; il ne s'abandonne pas aux caprices de l'imagination et de la fantaisie, comme fait Shakespeare;

son cadre est régulier, il n'y laisse point entrer l'incident imprévu, la poésie romanesque. Il combine les scènes, explique les entrées, gradue l'intérêt, prépare les péripéties, ménage d'avance et de loin les dénoûments. Enfin, il étend sur tout le dialogue, ainsi qu'un brillant vernis uniforme, une versification savante, composée de mots choisis et de rimes harmonieuses. Si nous allons chercher dans les gravures du temps les costumes de son théâtre, nous y trouvons ses héros et ses princesses avec les falbalas, les broderies, les bottines, les panaches, l'épée et tout l'habillement, grec de nom, mais français de goût et de formes, que le roi, le dauphin et les princesses étalaient, au son des violons, dans les ballets de la cour.

Notez de plus que tous ses personnages sont des gens de cour, rois, reines, princes et princesses du sang, ambassadeurs, ministres, capitaines des gardes, menins, confidents et confidentes. Les familiers des princes ne sont pas ici, comme dans l'ancienne tragédie grecque, des nourrices, des esclaves de la maison, nés sous le toit du maître, mais des dames d'atour, des premiers écuyers, des nobles d'antichambre pourvus d'une charge dans le palais ; on s'en aperçoit à leur talent pour parler, à leur habileté dans la flatterie, à leur éducation parfaite, à leur tenue exquise, à leurs sentiments monarchiques de sujets et de vassaux. Leurs maîtres sont, comme eux, des seigneurs français du xviiᵉ siècle, très fiers et très courtois, héroïques dans Corneille, nobles dans Racine, galants avec les dames, dévoués à leur nom et à leur race, capables de sacrifier à leur dignité leurs intérêts les plus forts et leurs affections les plus chères, incapables de se permettre une parole ou un geste que les bienséances les plus sévères n'autoriseraient pas. Iphigénie dans Racine, livrée aux sacrificateurs, ne regrette pas la vie avec des larmes de jeune fille comme dans Euripide; elle se croit obligée d'obéir sans murmure à son père qui est son roi, et de mourir sans pleurer parce qu'elle est princesse. Achille, qui dans Homère marche sur le corps d'Hector mourant, ne se sent pas encore assouvi, et, comme un lion ou comme un loup, voudrait « manger la chair crue » de l'homme qu'il a vaincu, est dans Racine un prince de Condé, séduisant et brillant, passionné pour l'honneur, empressé auprès des dames, bouillant sans doute et impétueux, mais avec la vivacité contenue d'un jeune officier qui, dans ses plus grands emportements, sait vivre et ne sera jamais brutal. Tous ces personnages parlent avec une politesse accomplie et un usage du monde qui ne se dément jamais. Lisez dans Racine le premier entretien d'Oreste et de Pyrrhus, tout le rôle d'Acomat, d'Ulysse; nulle part on n'a vu plus de tact et de dextérité oratoire, des compliments et des flatteries si ingénieux, des exordes si bien trouvés, une si prompte découverte, un si adroit ajustement, une si fine insinuation des motifs valables. Les amoureux les plus emportés ou les plus sauvages, Hippolyte, Britannicus, Pyrrhus, Oreste, Xipharès, sont des cavaliers accomplis, qui tournent des madrigaux et font des révérences. Si violente que soit leur passion, Hermione, Andromaque, Roxane, Bérénice, gardent le ton de la meilleure compagnie. Mithridate, Phèdre, Athalie, prononcent, en expirant, des périodes correctes ; un prince doit représenter jusqu'au bout, et mourir en cérémonie. On pourrait appeler ce théâtre la peinture exquise du grand monde. Il représente, comme l'architecture gothique, une forme tranchée et achevée de l'esprit humain ; c'est pourquoi il est devenu universel comme elle. Il a été importé ou imité, avec la littérature, le goût, les mœurs qui l'accompagnent, dans toutes les cours de l'Europe, en Angleterre après la restauration des Stuarts, en Espagne après l'avènement des Bourbons, en Italie et en Allemagne, en Russie au xviii° siècle. On peut dire qu'à ce moment la France fit l'éducation de l'Europe ; elle était la source des élégances, de l'agrément, du bon style, des idées fines, du savoir-vivre ; et, quand un Moscovite sauvage, un Allemand balourd, un Anglais empêtré, un barbare ou un demi-barbare du Nord, quittait son eau-de-vie, sa pipe, ses fourrures, sa vie féodale de chasseur et de rustre, c'était dans nos salons et dans nos livres qu'il venait apprendre l'art de saluer, de sourire et de causer.

VIII

Cette brillante société ne dura pas, et ce fut son développement même qui causa sa dissolution. Le gouvernement, étant absolu, finit par devenir négligent et tyrannique ; de plus, le roi donnait les meilleurs emplois et toutes les grâces aux seigneurs de sa cour, qui étaient les familiers de son salon. Cela parut injuste à la bourgeoisie et au peuple qui, s'étant fort enrichis, fort éclairés, fort accrus, se trouvèrent plus puissants, à mesure qu'ils devenaient plus mécontents. Ils firent la Révolution française, et, après dix ans de troubles, établirent un régime démocratique et égalitaire, dans lequel tous les emplois sont accessibles à tous, ordinairement après des épreuves et des examens, selon des règles fixes d'avancement. Peu à peu les guerres de l'Empire et la contagion de l'exemple transportèrent ce régime au delà des frontières de la France, et l'on peut assurer aujourd'hui que, parmi des différences locales et des délais temporaires, l'Europe entière tend à l'imiter. Ce nouvel arrangement de la société, joint à l'invention des machines industrielles et au grand adoucissement des mœurs, a changé la condition et, par suite, le caractère des hommes. Ils sont maintenant affranchis de l'arbitraire et protégés par une bonne police. Si bas qu'ils soient nés, toutes les carrières leur sont ouvertes ;

la multiplication énorme de toutes les choses utiles met à la portée des plus pauvres des agréments et des commodités que les riches ignoraient il y a deux siècles. D'autre part, la rigueur du commandement s'est adoucie dans la société comme dans la famille; le père est devenu le camarade de ses enfants, en même temps que le bourgeois est devenu l'égal du noble; bref, dans toutes les parties visibles de la vie humaine, le poids du malheur et de l'oppression s'est allégé.

Mais, par contre-coup, l'ambition et les convoitises ont déployé leurs ailes. L'homme, goûtant le bien-être et entrevoyant le bonheur, s'est habitué à considérer le bonheur et le bien-être comme des choses qui lui sont dues. Il est devenu plus exigeant en obtenant davantage, et ses prétentions ont dépassé ses acquisitions. En même temps, les sciences positives ayant pris un accroissement énorme, l'instruction s'est répandue et la pensée libre s'est livrée à toutes les hardiesses; d'où il est arrivé que les hommes, quittant les traditions qui jadis réglaient leurs croyances, se sont crus capables d'atteindre, par la seule force de leur esprit, les vérités supérieures. Morale, religion, politique, ils ont tout remis en question; ils ont cherché en tâtonnant sur toutes les routes, et nous assistons depuis quatre-vingts ans à l'étrange conflit des systèmes et des sectes, qui se relayent pour nous fournir un dogme nouveau et nous offrir un bonheur complet.

Un tel état de choses a de grandes conséquences sur les idées et sur les esprits. Le personnage régnant, je veux dire l'homme qui occupe la scène et auquel les spectateurs accordent le plus d'intérêt et de sympathie, c'est l'ambitieux triste et rêveur, le René, le Faust, le Werther, le Manfred, le cœur inassouvi, vaguement inquiet et incurablement malheureux. Il est malheureux pour deux raisons. — D'abord il est trop sensible, trop vivement atteint par de petits maux, il a trop besoin de sensations douces et délicieuses, il est trop accoutumé au bien-être. Il n'a pas eu l'éducation de nos ancêtres, demi-féodale et demi-campagnarde; il n'a pas été rudoyé par son père, fouetté au collège, retenu dans un respect silencieux devant les grandes personnes, retardé dans son éclosion par la discipline domestique; il n'a pas été obligé, comme dans l'ancien temps, de se servir de ses bras et de son épée, de voyager à cheval, de coucher dans de mauvais gîtes. Dans l'air tiède du bien-être moderne et des mœurs sédentaires, il est devenu délicat, nerveux, excitable, moins capable de s'accommoder au train de la vie, qui impose toujours la peine et exige toujours l'effort. — D'autre part, il est sceptique. Dans cet ébranlement de la religion et de la société, dans ce pêle-mêle des doctrines, dans cette irruption des nouveautés, la précocité du jugement trop vite instruit et trop vite lâché le précipite tout jeune et à l'aventure hors du grand chemin frayé que ses pères suivaient par habitude, sous la conduite de la tradition et sous l'ascendant de l'autorité. Toutes les barrières qui servaient de garde-fou aux esprits étant ôtées, il se donne carrière dans le vaste champ vague qui s'ouvre devant ses yeux. Ses curiosités et ses ambitions, devenues surhumaines, s'élancent vers la vérité absolue et le bonheur infini. Ni l'amour, ni la gloire, ni la science, ni le pouvoir, tels que nous les trouvons dans ce monde, ne peuvent le satisfaire, et l'intempérance de ses désirs, irritée par l'insuffisance de ses conquêtes et par le néant de ses jouissances, le laisse abattu sur les ruines de lui-même, sans que son imagination surmenée, affaissée, impuissante, puisse lui représenter l'*au-delà* qu'il convoite et le *je ne sais quoi* qu'il n'a pas. Ce mal a été nommé la maladie du siècle; il y a quarante ans qu'elle était dans toute sa force, et, sous la froideur apparente ou l'impassibilité morne de l'esprit positif, elle subsiste encore aujourd'hui.

Je n'ai pas le loisir de vous montrer les innombrables effets d'un pareil état d'esprit sur toutes les œuvres d'art. Vous en verrez les marques dans le grand développement de la poésie philosophique, lyrique et triste, en Angleterre, en France, en Allemagne, dans l'altération et l'enrichissement de la langue, dans l'invention de nouveaux genres et de nouveaux caractères, dans le style et les sentiments de tous les grands écrivains modernes, de Chateaubriand à Balzac, de Gœthe à Heine, de Cowper à Byron, d'Alfieri à Leopardi. Vous trouverez des symptômes analogues dans les arts du dessin, si vous observez leur style fiévreux, tourmenté ou péniblement archéologique, leur recherche de l'effet dramatique, de l'expression psychologique et de l'exactitude locale, si vous remarquez la confusion qui a brouillé

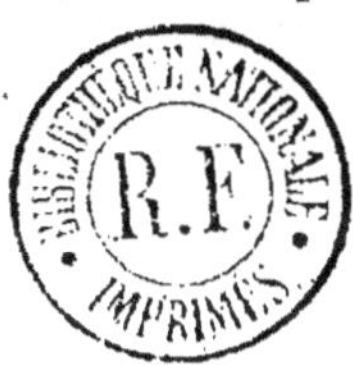

les écoles et gâté les procédés, si vous faites attention
à l'abondance des talents qui, secoués par des émotions
nouvelles, ont ouvert des routes nouvelles, si vous dé-
mêlez le profond sentiment de la campagne qui a suscité
une peinture originale et complète du paysage. Mais il
est un autre art, la musique, qui tout d'un coup a pris
un développement extraordinaire; ce développement
est un des caractères saillants de notre époque, et c'est
la dépendance par laquelle il se lie à l'esprit moderne
que je vais tâcher de vous indiquer.

Cet art est né, comme cela est nécessaire, dans les
deux pays où l'on chante naturellement, l'Italie et l'Allemagne. Il a couvé en Italie pendant un siècle et demi,
de Palestrina à Pergolèse, comme jadis la peinture, de
Giotto à Masaccio, découvrant ses procédés et tâtonnant
pour acquérir ses ressources. Puis tout d'un coup, au
commencement du xviiie siècle, avec Scarlatti, Marcello,
Hændel, il prend son essor. Ce moment est singulièrement remarquable. C'est alors que finit la peinture en
Italie, et qu'au plus fort de l'inertie politique fleurissent
les mœurs voluptueuses et molles qui fournissent une
assemblée de Sigisbés, de Lindors, de belles dames
amoureuses, aux tendresses sentimentales et aux rou-
lades de l'opéra. C'est alors que la grave et pesante
Allemagne, arrivant plus tard que les autres à la conscience d'elle-même, parvient à manifester la grandeur
et la sévérité de son sentiment religieux, la profondeur
de sa science, la tristesse vague de ses instincts, dans
la musique d'église de son Sébastien Bach, avant d'at-

teindre à l'épopée évangélique de son Klopstock. Dans la nation vieille et dans la nation jeune, c'est le règne et l'expression du *sentiment* qui commencent. Entre les deux, demi-germanique et demi-italienne, l'Autriche, conciliant les deux esprits, produit Haydn, Gluck, Mozart, et la musique devient cosmopolite et universelle, aux approches de ce grand ébranlement des âmes qu'on nomme la Révolution française, comme autrefois la peinture, sous la secousse de cette grande rénovation des esprits qu'on appelle la Renaissance. Rien d'étonnant dans l'apparition de ce nouvel art, car il correspond à l'apparition d'un nouveau génie, celui du personnage régnant, de ce malade inquiet et ardent que j'ai tâché de vous peindre; c'est à cette âme que Beethoven, Mendelssohn, Weber ont parlé; c'est pour elle aujourd'hui que Meyerbeer, Berlioz et Verdi essayent d'écrire; c'est à sa sensibilité outrée et raffinée, c'est à ses aspirations indéterminées et démesurées que la musique s'adresse. Elle est toute faite pour cet office, et il n'y a aucun art qui réussisse aussi bien qu'elle à le remplir. — Car, d'une part, elle est constituée par l'imitation plus ou moins éloignée du cri, qui est l'expression directe, naturelle et complète de la passion, et qui, agissant sur nous par un ébranlement corporel, éveille à l'instant notre sympathie involontaire; en sorte que la délicatesse frémissante de tout l'être nerveux trouve en elle son excitation, son écho et son emploi. — D'autre part, étant fondée sur des rapports de sons qui n'imitent aucune forme vivante, et qui, surtout dans la musique instrumentale, semblent les rêves d'une âme incorporelle, elle convient mieux que tout autre art pour exprimer les pensées flottantes, les songes sans formes, les désirs sans objet et sans limite, le pêle-mêle douloureux et grandiose d'un cœur troublé qui aspire à tout et ne s'attache à rien. — C'est pourquoi, avec les agitations, les mécontentements et les espérances de la démocratie moderne, elle est sortie de ses contrées natales pour se répandre sur toute l'Europe; et vous voyez aujourd'hui les symphonies les plus compliquées attirer la foule, dans cette France où la musique nationale s'était jusqu'ici réduite au vaudeville et à la chanson.

IX

Ce sont là de grands exemples, messieurs, et qui, à mon avis, suffisent pour établir la loi qui gouverne les apparitions et les caractères des œuvres d'art. Non seulement ils l'établissent, mais encore ils la précisent. Au commencement de cette leçon, je vous disais que *l'œuvre d'art est déterminée par un ensemble qui est l'état général de l'esprit et des mœurs environnantes*. Nous pouvons maintenant faire un pas de plus et marquer avec exactitude tous les anneaux de la chaîne qui lie la cause première à son effet final.

Dans les divers cas que nous avons examinés, vous avez remarqué d'abord une *situation générale*, c'est-à-dire la présence universelle de certains biens et de certains maux, une condition de servitude ou de liberté, un état de pauvreté ou de richesse, une certaine forme de société, une certaine espèce de religion; la cité libre, guerrière et pourvue d'esclaves en Grèce; l'oppression, l'invasion, le brigandage féodal, le christianisme exalté au moyen âge; la cour au xviie siècle; la démocratie industrielle et savante au xixe; bref, un ensemble de circonstances auxquelles les hommes se trouvent pliés et assujettis.

Cette situation développe en eux des *besoins* correspondants, des *aptitudes* distinctes, des *sentiments* particuliers, par exemple l'activité physique ou le penchant au rêve, ici la rudesse et là-bas la douceur, tantôt l'instinct de la guerre, tantôt le talent de parler, tantôt le désir de jouir, cent autres dispositions infiniment variées et complexes : en Grèce, la perfection corporelle et l'équilibre des facultés que la vie trop cérébrale ou trop manuelle ne dérange pas; au moyen âge, l'intempérance de l'imagination surexcitée et la délicatesse de la sensibilité féminine; au xvııe siècle, le savoir-vivre du monde et la dignité des salons aristocratiques; aux temps modernes, la grandeur des ambitions déchaînées et le malaise des désirs inassouvis.

Or, ce groupe de sentiments, de besoins et d'aptitudes constitue, lorsqu'il se manifeste tout entier et avec éclat dans une même âme, le *personnage régnant*, c'est-à-dire le modèle que les contemporains entourent de leur admiration et de leur sympathie : en Grèce, le jeune homme nu et de belle race, accompli dans tous les exercices du corps; au moyen âge, le moine extatique et le chevalier amoureux; au xvıı siècle, le parfait homme de cour; de nos jours, le Faust ou le Werther insatiable et triste.

Mais, comme ce personnage est de tous le plus intéressant, le plus important et le plus en vue, c'est lui que les artistes présentent au public, tantôt concentré en une figure vivante, lorsque leur art, comme la peinture, la sculpture, le roman, l'épopée et le théâtre, est imitatif; tantôt dispersé en ses éléments, lorsque leur art, comme l'architecture et la musique, éveille des émotions sans créer des personnes. On peut donc exprimer tout leur travail en disant que tantôt ils le représentent, tantôt ils s'adressent à lui : ils s'adressent à lui dans les symphonies de Beethoven et dans les rosaces des cathédrales ; ils le représentent dans le Méléagre et les Niobides antiques, dans l'Agamemnon et l'Achille de Racine. En sorte que *tout l'art dépend de lui*, puisque l'art tout entier ne s'applique qu'à lui complaire ou à l'exprimer.

Une situation générale qui provoque des penchants et des facultés distinctes ; un personnage régnant constitué par la prédominance de ces penchants et de ces facultés ; des sons, formes, couleurs ou paroles, qui rendent ce personnage sensible, ou qui agréent aux penchants et aux facultés dont il est composé, tels sont les quatre termes de la série. Le premier entraîne avec lui le second, qui entraîne le troisième, et celui-ci le quatrième ; si bien que la moindre altération de l'un des termes, amenant une altération correspondante dans les suivants et révélant une altération correspondante dans les précédents, permet de descendre ou de remonter par le pur raisonnement de l'un à l'autre[1]. Autant que j'en puis juger, cette formule ne laisse rien en dehors de ses prises. Si maintenant on insère entre ses divers termes les causes accessoires qui inter-

1. On peut se servir de cette loi dans l'étude des littératures et des divers arts. Il s'agit de redescendre du quatrième terme au premier, et, pour cela, il faut suivre exactement l'ordre de la série.

viennent pour en modifier les effets ; si, pour expliquer les sentiments d'un temps, on ajoute l'examen de la race à l'examen du milieu ; si, pour expliquer les œuvres d'art d'un siècle, on considère, outre les inclinations régnantes du siècle, le moment particulier de l'art et les sentiments particuliers de chaque artiste, on pourra dériver de la loi non seulement les grandes révolutions et les formes générales de l'imagination humaine, mais encore les différences des écoles nationales, les variations incessantes des divers styles, et jusqu'aux caractères originaux de l'œuvre de chaque grand homme. Ainsi conduite, l'explication sera complète, puisqu'elle rendra compte à la fois des traits communs qui forment les écoles, et des traits distinctifs qui caractérisent les individus. Nous allons entreprendre ce travail sur la peinture italienne ; il est long et difficile, et j'ai besoin de votre attention pour le poursuivre jusqu'au bout.

X

Mais auparavant, messieurs, il est une conclusion
pratique et personnelle que nous pouvons tirer dès à
présent de nos recherches. Vous avez vu que chaque
situation produit un état d'esprit et, par suite, un
groupe d'œuvres d'art qui lui correspond. C'est pourquoi chaque situation nouvelle doit produire un nouvel
état d'esprit et, par suite, un groupe d'œuvres nouvelles. C'est pourquoi enfin le milieu qui aujourd'hui
est en voie de formation doit produire les siennes
comme les milieux qui l'ont précédé. Ce n'est point là
une simple supposition fondée sur l'entraînement du
désir et de l'espérance ; c'est la suite d'une règle
appuyée sur l'autorité de l'expérience et sur le témoi-
gnage de l'histoire ; dès qu'une loi est établie, elle vaut
pour demain comme pour hier, et les liaisons des
choses accompagnent les choses dans l'avenir comme
dans le passé. Il ne faut donc pas dire qu'aujourd'hui
l'art est épuisé. Ce qui est vrai, c'est que certaines
écoles sont mortes et ne peuvent plus renaître ; c'est
que certains arts languissent, et que l'avenir où nous
entrons ne leur promet pas l'aliment dont ils ont
besoin. Mais l'art lui-même, qui est la faculté d'apercevoir et d'exprimer le caractère dominant des objets,
est aussi durable que la civilisation dont il est la meil-

leure œuvre et le premier-né. Quelles seront ses formes, et lequel des cinq grands arts offrira le moule approprié aux sentiments futurs, nous ne sommes point obligés aujourd'hui à nous engager dans cette recherche. Mais, ce que nous avons le droit d'affirmer, c'est que de nouvelles formes apparaîtront et qu'un moule se rencontrera. Car nous n'avons qu'à ouvrir les yeux pour constater dans la condition, et, par suite, dans l'esprit des hommes, un changement si profond, si universel et si rapide, que nul siècle n'en a vu d'égal. Les trois causes qui ont formé l'esprit moderne continuent à opérer avec une efficacité croissante. Personne de vous n'ignore que les découvertes des sciences positives vont tous les jours se multipliant, que la géologie, la chimie organique, l'histoire, des branches entières de la zoologie et de la physique, sont des productions contemporaines; que le progrès de l'expérience est infini; que les applications des découvertes sont indéfinies; que dans toutes les branches du travail, transports, communications, culture, métiers, industries, la puissance humaine s'agrandit, et s'étend, chaque année, au delà de toute espérance. Chacun de vous sait encore que la machine politique s'améliore dans le même sens, que les sociétés, devenues plus raisonnables et plus humaines, veillent à la paix intérieure, protègent les talents, aident les faibles et les pauvres; bref, que, de toutes parts et par toutes les voies, l'homme cultive son intelligence et adoucit sa condition. On ne peut donc nier que l'état, les mœurs et les idées des hommes se transforment,

ni se refuser à cette conséquence que ce renouvelle-
ment des choses et des âmes doit entraîner un renou-
vellement de l'art. Le premier âge de cette évolution a
soulevé la glorieuse école française de 1830 ; il nous
reste à voir le second ; voilà la carrière ouverte à votre
ambition et à votre travail. Au moment d'y entrer, vous
avez le droit de bien espérer de votre siècle et de vous-
mêmes ; car le long examen que nous venons de faire
vous a montré que, pour faire de belles œuvres, la
condition unique est celle qu'indiquait déjà le grand
Gœthe : « Emplissez votre esprit et votre cœur, si
larges qu'ils soient, » des idées et des sentiments de
votre siècle, et l'œuvre viendra.

DEUXIÈME PARTIE

LA PEINTURE ET LA RENAISSANCE EN ITALIE

DEUXIÈME PARTIE

LA PEINTURE DE LA RENAISSANCE EN ITALIE

MESSIEURS,

L'an dernier, au commencement du cours, je vous ai exposé la loi générale selon laquelle se produisent en tout temps les œuvres d'art, c'est-à-dire la correspondance exacte et nécessaire que l'on rencontre toujours entre une œuvre et son milieu. Cette année, en poursuivant l'histoire de la peinture en Italie, je trouve un cas notable qui me permet d'appliquer et de vérifier cette règle devant vous.

CHAPITRE I

LES CARACTÈRES DE LA PEINTURE ITALIENNE

Il s'agit de la glorieuse époque que les hommes s'accordent à considérer comme la plus belle de l'invention italienne et qui comprend, avec le dernier quart du xv siècle, les trente ou quarante premières années du xvi. Dans cette enceinte étroite florissent les artistes accomplis, Léonard de Vinci, Raphaël, Michel-Ange, Andrea del Sarto, Fra Bartolomeo, Giorgione, Titien, Sébastien del Piombo, le Corrège. Et cette enceinte est nettement bornée; si vous la dépassez en deçà ou au delà, vous trouvez, en deçà, un art inachevé, et, au delà, un art gâté; en deçà, des chercheurs encore frustes, secs ou raides, Paolo Ucello, Antonio Pollaiolo, Fra Filippo Lippi, Domenico Ghirlandajo, Andrea Verocchio, Mantegna, le Pérugin, Carpaccio, Jean Bellin; au delà, des disciples exagérés ou des restaurateurs insuffisants, Jules Romain, le Rosso, Primatice, le Parmesan, Palma le jeune, les Carrache et leur école. Auparavant l'art germe; ensuite l'art se fane; la floraison est entre les deux et dure environ cinquante ans. — Si, dans l'époque précédente, on rencontre un peintre presque accompli, Masaccio, c'est un méditatif qui fait un coup de génie, un inventeur isolé qui voit subitement au delà de son temps, un précurseur méconnu qui n'est point suivi, dont la sépulture n'a pas même d'inscription, qui vit pauvre et seul, et dont la grandeur précoce ne sera comprise qu'un demi-siècle plus tard. Si, dans l'époque suivante, on trouve une école florissante et saine, c'est à Venise, dans une cité privilégiée que la décadence atteint plus tard que les autres, et qui subsiste longtemps encore indépendante, tolérante, glorieuse, après que la conquête, l'oppression et la corruption difinitives ont, dans le reste de l'Italie, dégradé les âmes et faussé les esprits. — Vous pouvez comparer cette époque d'invention belle et parfaite à la zone où l'on cultive la vigne sur le versant d'une montagne; au-dessus le raisin n'est pas encore bon, au-dessous il n'est plus bon. Dans le terrain inférieur le sol est trop humide; dans le terrain supérieur l'air est trop froid; telle est la cause et telle est la règle; s'il y a des exceptions, elles sont petites, et peuvent être expliquées. Peut-être dans le terrain inférieur on rencontrera un cep isolé qui, par la vertu d'une sève excellente, produira en dépit du milieu quelques grappes exquises. Mais il sera seul, ne se reproduira pas, et comptera parmi les singularités que l'amas et l'embrouillement des forces agissantes interposent toujours dans le cours régulier des lois. Peut-être dans le terrain supérieur on trouvera un recoin de vignes parfaites; mais ce sera un recoin dans lequel une circonstance propre, le caractère du sol, l'abri d'un contrefort, la possession d'une source, fourniront à la plante des aliments ou des protections qui lui manquent ailleurs. La loi restera donc intacte, et l'on conclura qu'il y a une espèce de sol et de température auxquels la réussite de la vigne est attachée. Pareillement, la loi qui régit la production de la peinture accomplie demeure entière, et nous pouvons chercher l'état de l'esprit et des mœurs duquel cette peinture dépend.

Auparavant, il faut la définir elle-même ; car, en l'appelant, selon le terme ordinaire, parfaite ou classique, nous ne marquons pas ses caractères, nous ne faisons que lui donner son rang. Mais, si elle a son rang, elle a aussi ses caractères, je veux dire son domaine propre, duquel elle ne sort pas. — Elle dédaigne ou néglige le paysage ; la grande vie des choses inanimées ne trouvera ses peintres qu'en Flandre ; c'est l'homme que le peintre italien prend pour sujet ; les arbres, la campagne, les fabriques, ne sont pour lui que des accessoires ; Michel-Ange, le roi incontesté de toute l'école, déclare, au dire de Vasari, qu'il faut les laisser comme amusement et dédommagement aux talents moindres, et que le véritable objet de l'art est le corps humain. Si, plus tard, ils en viennent aux paysages, c'est sous les derniers Vénitiens, surtout sous les Carrache, lorsque la grande peinture baisse ; encore n'en font-ils qu'une décoration, une sorte de villa architecturale, un jardin d'Armide, un théâtre de pastorales et de pompes, un accompa-

gnement noble et ménagé des galanteries mythologiques et des parties de plaisir seigneuriales ; là, les
arbres abstraits n'appartiennent à aucune espèce distincte ; les montagnes s'arrangent pour le plaisir des
yeux ; des temples, des ruines, des palais, se groupent
en lignes idéales ; la nature perd son indépendance
native et ses instincts propres, pour se subordonner à
l'homme, orner ses fêtes, élargir ses appartements. —
D'autre part, ils laissent encore aux Flamands l'imitation de la vie réelle, le personnage contemporain
dans son costume ordinaire, au milieu de ses habitudes quotidiennes, parmi ses meubles véritables, à la
promenade, au marché, à table, à l'hôtel de ville, au
cabaret, tel qu'on le voit avec les yeux de la tête, gentilhomme, bourgeois, paysan, avec les particularités
innombrables et saillantes de son caractère, de son
métier et de sa condition. Ils écartent ces détails
comme vulgaires ; à mesure que l'art s'achève, ils
fuient de plus en plus l'exactitude littérale et la res-
semblance positive ; c'est justement à l'ouverture de la
grande époque qu'ils cessent de mettre des portraits
dans les tableaux ; Filippo Lippi, Pollaiolo, Andrea di
Castagno, Verocchio, Jean Bellin, Ghirlandajo, Masaccio
lui-même, tous les peintres antérieurs peuplaient leurs
fresques de figures contemporaines ; le grand pas qui
sépare l'art définitif de l'art ébauché est cette invention
des formes accomplies que découvrent les yeux de
l'âme et que les yeux de la tête ne peuvent pas rencontrer. — Ainsi borné, le champ de la peinture clas-

sique doit se limiter encore. Dans le personnage idéal qu'elle prend pour centre, si l'on distingue l'âme et le corps, il est aisé de remarquer qu'elle ne donne point la première place à l'âme. Elle n'est ni mystique, ni dramatique, ni spiritualiste. — Elle ne se propose pas de figurer aux yeux le monde incorporel et sublime, les âmes ravies et innocentes, les dogmes théologiques ou ecclésiastiques, qui, depuis Giotto et Simone Memmi jusqu'à Beato Angelico, ont occupé l'art admirable et incomplet de l'âge antérieur; elle a quitté la période chrétienne et monacale pour entrer dans la période laïque et païenne. — Elle ne se propose point de découper sur la toile une scène violente ou douloureuse, capable d'exciter la pitié et la terreur, comme fait Delacroix dans *le Meurtre de l'évêque de Liège*, comme Decamps dans *la Morte* ou dans *la Bataille des Cimbres*, comme Ary Scheffer dans *le Larmoyeur*. Elle ne se propose point d'exprimer les sentiments profonds, extrêmes, compliqués, comme Delacroix dans son *Hamlet* ou dans son *Tasse*. Elle ne recherchera ses effets nuancés ou puissants que dans l'époque ultérieure, quand la décadence sera visible, dans les séduisantes et rêveuses Madeleines, dans les pensives et délicates madones, dans les martyres tragiques et tumultueux de l'École de Bologne. L'art pathétique, qui veut frapper et troubler la sensibilité excitée et malade, répugne à son équilibre. La vie morale ne la préoccupe pas aux dépens de la vie physique; elle ne se représente point l'homme comme un être supérieur trahi par ses organes; un seul peintre, inventeur précoce de toutes les idées et de toutes les curiosités modernes, Léonard de Vinci, génie universel et raffiné, chercheur solitaire et inassouvi, pousse ses divinations au delà de son siècle, jusqu'à rejoindre parfois le nôtre. Mais, pour les autres artistes et souvent pour lui-même, la forme est un but, non un moyen; elle n'est point subordonnée à la physionomie, à l'expression, aux gestes, à la situation, à l'action; leur œuvre est pittoresque, et non littéraire ou poétique. « Le point « important de l'art du dessin, dit Cellini, c'est de bien « faire un homme et une femme nus. » En effet, ils partent presque tous de l'orfèvrerie et de la sculpture; leurs mains ont palpé le relief des muscles, suivi la courbe des lignes, senti l'emmanchement des os; ce qu'ils veulent figurer aux yeux, c'est, d'abord, le corps humain naturel, je veux dire sain, actif, énergique, doué de toutes les aptitudes athlétiques et animales; c'est, en outre, le corps humain idéal, voisin du type grec, si bien proportionné et équilibré dans toutes ses parties, choisi et fixé dans une attitude si heureuse, drapé et entouré d'autres corps si bien groupés, que l'ensemble fasse une harmonie et que l'œuvre entière donne l'idée d'un monde corporel pareil à l'ancien Olympe, c'est-à-dire divin ou héroïque, en tout cas supérieur et accompli. — Telle est l'invention propre de ces artistes. D'autres ont mieux exprimé, tantôt la vie de la campagne, tantôt la vérité de la vie réelle, tantôt les tragédies et les profondeurs de l'âme, tantôt une leçon morale, une découverte historique, une conception philosophique ; on trouvera chez Beato Angelico, chez Albert Dürer, chez Rembrandt, Metzu et Paul Potter, chez Hogarth, chez Delacroix et Decamps, plus d'édification, ou de pédagogie, ou de psychologie, plus de quiétude intime et domestique, plus de rêves intenses, de métaphysique grandiose ou d'émotions intérieures. Pour eux, ils ont créé une race unique, celle des grands corps nobles qui vivent noblement et font deviner une humanité plus fière, plus forte, plus sereine, plus agissante, bref, mieux réussie que la nôtre. C'est de cette race, jointe à son aînée, fille des sculpteurs grecs, que sont nées dans les autres pays, en France, en Espagne, en Flandre, les figures idéales par lesquelles l'homme enseigne à la nature comment elle aurait dû le faire et comment elle ne l'a pas fait.

CHAPITRE II

LA CONDITION PRIMAIRE

Telle est l'œuvre : il nous reste, selon notre méthode,
à connaître son milieu.

Considérons d'abord la race d'hommes qui l'a faite ;
si, dans les arts du dessin, ils ont pris cette voie, c'est
en vertu d'instincts nationaux et permanents. L'imagination de l'Italien est classique, c'est-à-dire latine, analogue à celle des anciens Grecs et des anciens Romains ;
on en a pour preuve, non seulement les œuvres de sa
renaissance, sculptures, édifices et peintures, mais encore son architecture du moyen âge et sa musique moderne. — Au moyen âge, l'architecture gothique, qui
se répandait dans toute l'Europe, n'a pénétré en Italie
que tardivement, par des imitations incomplètes ; si l'on
y rencontre deux églises tout à fait gothiques, l'une à
Milan, l'autre au couvent d'Assise, elles sont l'œuvre
d'architectes étrangers ; même sous les envahisseurs
germains, au plus fort de l'exaltation chrétienne, les
Italiens ont bâti dans le style ancien ; quand ils l'ont
renouvelé, ils ont gardé le goût des formes solides, des
murs pleins, de l'ornementation modérée, de la lumière

naturelle et claire, et leurs édifices, par leur air de force, de joie, de sérénité, d'élégance aisée, font contraste avec la complication grandiose, l'orfèvrerie hérissée, la sublimité douloureuse, le jour sombre ou transfiguré des cathédrales d'outre monts. — Pareillement et de nos jours, leur musique chantante, nettement rythmée, agréable jusque dans l'expression des sentiments tragiques, oppose ses symétries, ses rondeurs, ses cadences, son génie théâtral, disert, brillant, limpide et borné, à la musique instrumentale allemande, si grandiose, si libre, parfois si vague, si propre à exprimer les rêves les plus délicats, les émotions les plus intimes, et ce je ne sais quoi de l'âme sérieuse qui, dans ses divinations et ses agitations solitaires, entrevoit l'infini et l'*au-delà*. — Si nous considérions la manière dont les Italiens et en général les peuples latins entendent l'amour, la morale, la religion, si nous observions leur littérature, leurs mœurs et leur façon de comprendre la vie, nous y verrions, par cent traits profonds, éclater un genre d'imagination semblable. Son trait distinctif est le talent et le goût de l'*ordonnance*, partant, de la régularité, de la forme harmonieuse et correcte; elle est moins flexible et pénétrante que l'imagination germanique; elle s'attache moins au fond qu'au dehors; elle préfère la décoration extérieure à la vie intime : elle est plus idolâtrique et moins religieuse, plus pittoresque et moins philosophique, plus limitée et plus belle. Elle comprend mieux l'homme que la nature; elle comprend mieux l'homme en société que l'homme barbare. Elle a de la peine à se plier jusqu'à imiter et représenter, comme l'autre, la sauvagerie, la rusticité, la bizarrerie, l'accident, le désordre, l'éruption des puissances spontanées, les particularités innombrables et incommunicables de l'individu, les créatures inférieures ou sans formes, la vie sourde et indéfinie répandue dans tous les ordres de l'être; elle n'est pas un miroir universel; ses sympathies sont restreintes. Mais, dans son royaume, qui est celui de la forme, elle est souveraine; auprès d'elle, l'esprit des autres races est grossier et brutal; seule elle a découvert et manifesté l'ordre naturel des idées et des images. Des deux grandes races où elle s'est le plus complètement exprimée, l'une, la française, plus septentrionale, plus prosaïque et plus sociable, a eu pour œuvre propre l'ordonnance des idées pures, c'est-à-dire la méthode du raisonnement et l'art de la conversation; l'autre, l'italienne, plus méridionale, plus artiste et plus capable d'images, a eu pour œuvre propre l'ordonnance des formes sensibles, je veux dire la musique et les arts du dessin. — C'est ce talent natif, visible dès son origine, permanent dans toute son histoire, imprimé dans toutes les portions de sa pensée et de son action, qui, rencontrant à la fin du xvᵉ siècle des circonstances favorables, produisit une moisson de chefs-d'œuvre. En effet, l'Italie eut alors, ensemble ou presque à la fois, non seulement cinq ou six grands peintres d'un génie extraordinaire et supérieurs à tous ceux que depuis on a vus, Léonard de Vinci, Michel-Ange, Raphaël, Giorgione,

Titien, Véronèse, le Corrége, mais encore un peuple de peintres éminents et accomplis, Andrea del Sarto, le Sodoma, Fra Bartolomeo, le Pontormo, Albertinelli, le Rosso, Jules Romain, Polydore de Caravage, le Primatice, Sébastien del Piombo, Palma le vieux, Bonifazio, Paris Bordone, Tintoret, Luini, cent autres moins connus, élevés dans le même goût, possesseurs du même style, et qui font une armée dont ceux-ci ne sont que les capitaines; en outre, un nombre presque égal de sculpteurs et d'architectes supérieurs, quelques-uns un peu antérieurs, la plupart contemporains, Ghiberti, Donatello, Jacopo della Quercia, Baccio Bandinelli, Bambaja, Luca della Robbia, Benvenuto Cellini, Brunelleschi, Bramante, Antonio de San Gallo, Palladio, Sansovino; et enfin, autour de ces familles d'artistes si variées et si fécondes, une multitude de connaisseurs, de protecteurs, d'acheteurs, un vaste public qui faisait cortège, non seulement des gentilshommes et des lettrés, mais des bourgeois, des artisans, de simples moines, des gens du peuple; si bien que le grand goût à cette époque fut naturel, spontané, universel, et que la cité contribuait tout entière, par sa sympathie et son intelligence, aux œuvres que les maîtres signaient de leur nom. On ne peut donc considérer l'art de la Renaissance comme l'effet d'un hasard heureux; il ne s'agit point ici d'un coup de dés amenant sur la scène du monde quelques têtes mieux douées, un lot extraordinaire de génies pittoresques; on ne peut nier que la cause de cette belle floraison soit une disposition géné-

rale des esprits, une surprenante aptitude répandue
dans toutes les couches de la nation. Cette aptitude a été
momentanée, et l'art a été momentané. Elle a commencé, puis elle a fini, à des époques fixes ; l'art a
commencé, puis a fini, aux mêmes époques fixes. Elle
s'est développée dans un certain sens ; l'art s'est développé dans le même sens. Elle est comme le corps dont
il est l'ombre : il suit sa naissance, sa croissance, sa
décadence et sa direction. Elle l'amène et l'entraîne
avec elle, et le fait varier d'après ses variations ; il
dépend d'elle dans toutes ses parties et dans tout son
cours. Elle est sa condition suffisante et nécessaire ; et,
partant, c'est elle qu'il faut étudier en détail pour le
comprendre et l'expliquer.

CHAPITRE III

LES CONDITIONS SECONDAIRES

Trois conditions sont nécessaires pour que l'homme puisse goûter et produire la grande peinture. — Il faut d'abord qu'il soit cultivé. Des rustres misérables, abrutis, courbés tout le jour sur leur glèbe, des chefs de guerre chasseurs, gloutons, buveurs, occupés toute l'année de cavalcades et de batailles, sont encore trop enfoncés dans la vie animale pour comprendre l'élégance des formes et l'harmonie des couleurs. Un tableau est un ornement dans une église ou dans un palais ; pour le regarder avec intelligence et avec plaisir, il faut que le spectateur soit à demi dégagé des préoccupations grossières, qu'il n'ait point pour tout souci la pensée d'une bombance ou d'un horion, qu'il soit sorti de la barbarie et de l'oppression primitives, que, par delà l'exercice des muscles, le déploiement des instincts belliqueux et l'assouvissement des besoins corporels, il souhaite des jouissances fines ou nobles. Il était brutal, et il devient contemplatif. Il consommait et détruisait, il embellit et savoure. Il vivait, il décore sa vie. Tel est le vaste changement qui s'opère en Italie au xv⁰ siècle.

L'homme y passe des mœurs féodales à l'esprit moderne, et cette grande traversée s'opère en Italie plus tôt que partout ailleurs.

Il y a de cela plusieurs causes. La première, c'est que les gens de ce pays ont une extrême finesse et une grande promptitude d'esprit. La civilisation leur semble innée; du moins, ils y atteignent presque sans aide. Même dans les classes rustiques et incultes, l'intelligence est vive et dégagée. Comparez-les aux gens de même condition dans le nord de la France, en Allemagne et en Angleterre : la différence deviendra contraste. En Italie, un garçon d'hôtel, un paysan, un *facchino* que vous rencontrez dans la rue, savent causer, comprendre, raisonner; ils portent des jugements, ils connaissent les hommes, ils dissertent sur la politique; ils manient les idées comme la parole, d'instinct, parfois brillamment, toujours aisément et presque toujours bien; surtout, ils ont le sentiment naturel et passionné du beau. Il n'y a que ce pays où l'on entende les gens du peuple s'écrier devant une église ou un tableau : « O Dio, com'è bello ! » et la langue italienne a, pour exprimer cet élan du cœur et des sens, un accent, une sonorité, une emphase admirables, dont la sécheresse des mêmes mots français est impuissante à rendre l'effet.

Cette race si intelligente a eu l'avantage de ne point être *germanisée*, c'est-à-dire écrasée et transformée au même degré que les autres pays de l'Europe par l'invasion des peuples du Nord. Les Barbares ne s'y sont éta-

blis que temporairement ou à la surface. Wisigoths,
Francs, Hérules, Ostrogoths, tous l'ont quittée, ou en
ont été chassés très vite. Si les Lombards y sont restés,
ils ont été gagnés bientôt par la culture latine; au
xiie siècle, dit un vieux chroniqueur, les Allemands de
Frédéric Barberousse, comptant trouver en eux des
hommes de leur race, s'étonnaient de les voir tellement latinisés, « ayant quitté l'âpreté de la sauvagerie
« barbare et pris dans les influences de l'air et du sol
« quelque chose de la finesse et de la douceur romaines,
« ayant gardé l'élégance de la langue et l'urbanité des
« mœurs antiques, imitant, jusque dans la constitution
« de leurs cités et dans le gouvernement de leurs affaires
« publiques, l'habileté des anciens Romains ». Jusqu'au
xiiie siècle en Italie, on continue à parler latin; saint
Antoine de Padoue prêche en latin; le peuple, qui jar-
gonne l'italien naissant, entend toujours la langue littéraire. La croûte germanique étendue sur la nation est
mince, ou se trouve percée de bonne heure par la renaissance de la civilisation latine. L'Italie ne connaît que
par des traductions les chansons de geste, les poèmes
chevaleresques et féodaux qui pullulent dans toute l'Europe. Je vous disais tout à l'heure que l'architecture
gothique y a pénétré tardivement et d'une façon incom-
plète; dès le xie siècle, quand les Italiens recommencent
à bâtir, c'est avec les formes ou du moins dans l'esprit
de l'architecture latine. Par les institutions, les mœurs,
la langue, les arts, on voit, dans la plus sombre et la
plus âpre nuit du moyen âge, la civilisation antique se

dégager ou renaître sur ce sol où les Barbares ont passé et fondu comme une neige d'hiver.

C'est pourquoi, si vous comparez, au xv° siècle, l'Italie aux autres nations de l'Europe, vous la trouverez bien plus savante, bien plus riche, bien plus polie, bien plus capable d'embellir sa vie, c'est-à-dire de goûter et de produire les œuvres d'art.

A ce moment l'Angleterre, au sortir de la guerre de Cent Ans, s'engage dans cette horrible guerre des Deux Roses, où l'on s'égorgeait de sang-froid, et où, après la bataille, on tuait les enfants désarmés. Jusqu'en 1550, elle n'est qu'un pays de rustres, chasseurs, fermiers et soldats. On comptait en tout deux ou trois cheminées dans une ville de l'intérieur du royaume; les maisons des gentilshommes de campagne étaient des chaumières couvertes de paille, recrépies de la plus grossière glaise et éclairées seulement par des treillages. Dans les classes moyennes, on couchait sur des grabats de paille, « avec « une bonne bûche ronde pour traversin ». « Les oreil-« lers ne semblaient faits que pour les femmes en « couches », et la vaisselle n'était pas même d'étain, mais de bois. — En Allemagne, on voit se déchaîner la guerre atroce et inexpiable des Hussites; l'empereur est sans autorité; les nobles sont ignorants et insolents; jusque sous Maximilien règne le droit du *poing*, c'est-à-dire l'appel à la force et l'habitude de se faire justice soi-même; on peut voir plus tard, dans les propos de table de Luther et dans les mémoires de Hans de Schwei-nichen, jusqu'où les gentilshommes et les lettrés pous-

saient alors l'ivrognerie et la grossièreté. — Pour la France, elle est dans la plus désastreuse période de son histoire : le pays est conquis, dévasté par les Anglais ; sous Charles VII, les loups entraient dans les faubourgs de Paris ; quand les Anglais sont chassés, les *écorcheurs* et capitaines d'aventure vivent sur le paysan, le rançonnent et le pillent à plaisir ; un de ces seigneurs assassins, Gilles de Retz, a donné naissance à la légende de Barbe-Bleue. Jusqu'à la fin du siècle, l'élite de la nation, les nobles, demeurent rustiques et sauvages. Les ambassadeurs vénitiens disent que les seigneurs français ont les jambes tout arquées et torses, parce qu'ils passent leur vie à cheval. Rabelais vous montrera, au milieu du xvie siècle, la grossièreté fangeuse et la bestialité persistante des mœurs gothiques. Le comte Baldasare Castiglione écrivait vers 1525 : « Les Fran-
« çais ne connaissent d'autre mérite que celui des
« armes et ne font nul cas du reste, de telle façon que,
« non seulement ils n'estiment pas les lettres, mais
« encore ils les abhorrent et tiennent tous les lettrés
« pour les plus vils des hommes, et il leur semble que
« c'est dire une grande injure à un homme, quel qu'il
« soit, que de l'appeler *clerc*. »

En somme, dans toute l'Europe, le régime est encore féodal, et les hommes, comme des animaux farouches et forts, ne songent guère qu'à boire, manger, se battre et remuer leurs membres. Au contraire, l'Italie est un pays presque moderne. Avec la suprématie des Médicis, la paix s'est établie à Florence ; des bourgeois règnent et règnent tranquillement; comme les Médicis, leurs chefs, ils fabriquent, commercent, font la banque et gagnent de l'argent, pour le dépenser en gens d'esprit. Les soucis de la guerre ne les étreignent plus, comme autrefois, d'une prise âpre et tragique. Ils la font par les mains payées des condottieri, et ceux-ci, commerçants avisés, la réduisent à des « cavalcades »; quand ils se tuent, c'est par mégarde; on cite des batailles où il reste trois soldats, parfois un, sur le carreau. La diplomatie remplace la force. « Les souverains italiens », dit Machiavel, « croient que le mérite d'un prince est de « savoir apprécier dans les écrits une réplique piquante, « rédiger une belle lettre, montrer dans ses paroles de « la vivacité et de la finesse, tisser une fraude, s'orner « de pierres précieuses et d'or, dormir et manger avec « une plus grande splendeur que les autres, et réunir « autour de soi toutes sortes de voluptés. » Ils deviennent connaisseurs, lettrés, amateurs de conversations doctes. Pour la première fois depuis la chute de la civilisation ancienne on voit une société qui donne la première place aux jouissances de l'esprit. Les hommes marquants de cet âge sont les humanistes, restaurateurs passionnés des belles-lettres grecques et latines, Poggio, Filelfo, Marsile Ficin, Pic de la Mirandole, Chalcondyle, Ermolao Barbaro, Laurent Valla, Politien. Ils fouillent les bibliothèques de l'Europe pour découvrir et publier les manuscrits; non seulement ils les déchiffrent et les étudient, mais ils s'en inspirent, ils se font anciens d'esprit et de cœur, ils écrivent en latin presque aussi

purement que les contemporains de Cicéron et de Vir-
gile. Le style devient tout d'un coup exquis, et l'esprit
tout d'un coup adulte. Quand, des pénibles hexamètres
et des épîtres lourdement prétentieuses de Pétrarque,
on passe aux élégants distiques de Politien ou à la prose
éloquente de Valla, on se sent pénétré d'un plaisir
presque physique. Les doigts et l'oreille scandent involontairement la marche aisée des dactyles poétiques et
l'ample déroulement des périodes oratoires. Le langage
est devenu noble en même temps qu'il est devenu clair,
et l'érudition, passant des cloîtres aux palais, cesse
d'être une machine d'ergotage pour se changer en un
instrument de plaisir.

En effet, ces savants ne forment pas une petite classe
inconnue, enfermée dans les bibliothèques, éloignée de
la faveur publique. Loin de là : le titre d'humaniste est
suffisant, à cette époque, pour appeler sur un homme
l'attention et les bienfaits des princes. Le duc Ludovic
Sforza, à Milan, appelle dans son Université Mérula et
Démétrius Chalcondyle, et choisit pour ministre le
savant Cecco Simonetta. Léonard Arétin, Poggio, Machiavel, sont tour à tour secrétaires de la République
florentine. Antonio Beccadelli est secrétaire du roi de
Naples. Un pape, Nicolas V, est le plus grand protecteur des lettrés italiens. L'un de ceux-ci envoie un
manuscrit ancien au roi de Naples, et ce roi le remercie
du cadeau comme d'une grande faveur. Cosme de
Médicis a fondé une Académie philosophique, et Laurent
renouvelle les banquets platoniciens. Landino, son ami,

compose des dialogues dont les personnages, retirés
pour prendre le frais au couvent des Camaldules, dis-
putent pendant plusieurs journées pour savoir laquelle
des deux vies est supérieure, l'active ou la contemplative. Pierre, fils de Laurent, institue une discussion sur
la véritable amitié dans Santa Maria del Fiore, et propose en prix au vainqueur une couronne d'argent. On
voit les princes du commerce et de l'État rassembler
autour d'eux les philosophes, les artistes, les savants :
ici, Pic de la Mirandole, Marsile Ficin, Politien; là,
Léonard de Vinci, Mérula, Pomponius Lætus, pour con-
verser avec eux dans une salle ornée de bustes précieux,
devant les manuscrits retrouvés de la sagesse antique,
en langage choisi et orné, sans étiquette ni souci du
rang, avec cette curiosité conciliante et généreuse qui,
élargissant et parant la science, transforme l'enclos des
querelles scolastiques en une fête des esprits pensants.

Rien d'étonnant si la langue vulgaire, presque abandonnée depuis Pétrarque, fournit à son tour une littérature nouvelle. Laurent de Médicis, le principal banquier et le premier magistrat de la ville, est le premier
des nouveaux poètes italiens. A côté de lui Pulci,
Boiardo, Berni, un peu plus tard Bembo, Machiavel,
l'Arioste, sont les modèles définitifs du style accompli,
de la poésie grave, de la fantaisie bouffonne, de la gaieté
fine, de la satire mordante et de la réflexion profonde.
Au-dessous d'eux, une quantité de conteurs, de railleurs
et de viveurs, Molza, Bibbiena, puis l'Arétin, Franco,
Bandello, gagnent la faveur des princes et l'admiration

publique par leurs gaillardises, leurs inventions et leurs pointes. Le sonnet est un instrument de louange ou de satire qui court dans toutes les mains. Les artistes en font échange ; Cellini conte que, lorsque parut son *Persée*, il y en eut vingt affichés le premier jour. Il n'y avait point alors de fête complète ni de bon repas sans poésie ; un jour, le pape Léon X donna 500 ducats à un poète, Tebaldeo, pour une épigramme qui lui avait plu. A Rome, un autre poète, Bernardo Accolti, fut si admiré que, lorsqu'il faisait une lecture publique, on fermait les boutiques pour venir l'entendre ; il lisait dans une grande salle, à la lueur des torches ; les prélats assistaient, entourés de la garde suisse ; on l'appelait l'*unique*. Ses vers, trop ingénieux, étincelaient de *concetti* raffinés, et ces agréments littéraires, semblables aux fioritures dont les chanteurs italiens brodent leurs airs les plus tragiques, étaient si bien compris que les applaudissements éclataient de toutes parts.

Voilà donc une culture d'esprit délicate et générale, nouvelle en Italie, et qui apparaît en Italie en même temps que l'art nouveau. Je voudrais vous la faire toucher de plus près, non plus par des phrases générales, mais par un tableau complet ; un cas circonstancié peut seul fournir des idées précises. Il y a un livre du temps qui fait le portrait du seigneur et de la dame accomplis, c'est-à-dire des deux personnages que les contemporains pouvaient se proposer pour modèles ; autour de ces figures idéales tournent à diverses distances les figures réelles ; c'est un salon que vous avez sous les yeux, un salon de l'an 1500, avec ses hôtes, ses conversations, sa décoration, ses danses, sa musique, ses bons mots, ses discussions, à la vérité plus décent, plus chevaleresque et plus spiritualiste que ceux de Rome ou de Florence, mais pourtant peint avec vérité, excellent pour montrer, dans des attitudes ennoblies, le plus pur et le plus noble groupe des personnages cultivés et supérieurs. Il suffit, pour le voir, de feuilleter *Il Cortegiano*, du comte Baldasare Castiglione.

Le comte Castiglione avait été au service de Guido d'Ubaldo, duc d'Urbin, puis de son successeur, Francesco Maria della Rovere, et il écrivit ce livre en souvenir des entretiens qu'il avait entendus chez son premier seigneur. Comme le duc Guido était infirme et perclus de rhumatismes, chaque soir la petite cour se réunissait chez sa femme, la duchesse Elisabeth, personne de grande vertu et de grand esprit. Autour d'elle et de sa principale amie, Madame Emilia Pia, se groupaient toutes sortes d'hommes distingués venus de toutes les parties de l'Italie : Castiglione lui-même, Bernardo Accolti d'Arezzo, célèbre poète, Bembo, qui devint plus tard secrétaire du pape et cardinal, le seigneur Ottaviano Fregoso, Julien de Médicis, et bien d'autres ; le pape Jules II s'y arrêta quelque temps dans un voyage. Le lieu et les circonstances de l'entretien étaient dignes de pareils personnages. Ils s'assemblaient dans un magnifique palais bâti par le père du duc, et qui « au dire de plusieurs » était le plus beau d'Italie. Les appartements étaient splendidement décorés de

vases d'argent, de tentures d'or et de soie, de statues
et de bustes antiques en marbre et en bronze, de peintures de Piero della Francesca et de Giovanni Santi,
père de Raphaël. On y voyait une quantité de livres
latins, grecs, hébreux, recueillis dans toute l'Europe, et
couverts, par respect pour leur contenu, d'ornements
d'or et d'argent. La cour était une des plus galantes de
l'Italie. Ce n'étaient que fêtes, danses, joutes, tournois
et conversations. « Les doux entretiens et les honnêtes
« gaietés de cette maison, dit Castiglione, faisaient d'elle
« la vraie demeure de l'allégresse. » Ordinairement,
*quand on avait soupé et dansé, on jouait des sortes de
charades*; à ces divertissements succédaient *des entretiens plus intimes, à la fois graves et gais, auxquels la
duchesse prenait part. Point de cérémonial*; on prenait
des sièges à sa guise; chacun se plaçait à côté d'une
dame, et l'entretien n'avait rien de réglé ni de contraint;
l'invention et l'originalité pouvaient se donner carrière.
Un soir, *à la requête d'une dame, Bernardo Accolti*
improvise un joli sonnet en l'honneur de la duchesse;
puis la duchesse ordonne à Madame Margarita et à
Madame Costanza Fregosa de danser; les deux dames se
prennent par la main, et, le musicien favori Barletta
ayant accordé son instrument, elles dansent au son de
la musique, d'abord un pas grave, ensuite un pas plus
vif. Vers la fin de la quatrième journée, comme on
s'était oublié toute la nuit en de beaux entretiens, on
s'aperçut que le jour allait paraître :

« On ouvrit les fenêtres de ce côté du palais qui

« regarde la haute cime du mont Catari; et ils virent
« que déjà du côté de l'orient naissait une belle aurore
« de la couleur des roses. Toutes les étoiles avaient
« disparu, sauf la douce messagère de Vénus, qui
« occupe la frontière du jour et de la nuit; d'elle sem-
« blait venir un air suave, qui de sa fraîcheur poi-
« gnante emplissait le ciel et qui, parmi les forêts
« murmurantes des coteaux voisins, commençait à
« réveiller les doux concerts des aimables oiseaux. »

Vous pouvez déjà, sur ce morceau, juger combien le
style est agréable, élégant, fleuri même; Bembo, un des
interlocuteurs, *est le plus châtié, le plus cicéronien, le
plus nombreux des prosateurs italiens. Le ton des autres
entretiens est pareil. Il y a des politesses multipliées,*
des compliments aux dames sur leur beauté, sur leur
grâce, leur vertu, des compliments aux seigneurs
sur leur bravoure, leur esprit, leur savoir. Tous se respectent et veulent se complaire les uns aux autres, ce
qui est *la grande loi du savoir-vivre et le charme le
plus délicat de la bonne compagnie.* Mais la politesse
n'exclut point la gaieté. Comme assaisonnement, on
rencontre quelquefois de petites piques, des escar-
mouches de société, et, outre cela, des bons mots, des
plaisanteries, des anecdotes, de petites histoires vives
et gaies. Comme on essayait d'expliquer quelle est la
vraie galanterie, une dame conte, en manière de repoussoir, que dernièrement un seigneur à l'antique mode,
homme de guerre et rouillé par la vie rustique, lui
ayant rendu visite, lui énuméra combien il avait tué

d'ennemis; puis, poussant la démonstration jusqu'au geste, lui voulut expliquer comment on se servait de l'épée pour les coups d'estoc et de taille. Elle avoue en souriant qu'elle était inquiète, et regardait la porte, se demandant à chaque instant s'il ne voulait pas la tuer. Quantité de traits semblables relèvent à chaque instant la gravité du dialogue. Mais le sérieux n'en subsiste pas moins. On voit que les cavaliers sont au courant de la littérature grecque et latine, qu'ils connaissent l'histoire, qu'ils sont versés dans la philosophie, même dans la philosophie des écoles. Les dames interviennent, grondent un peu et avertissent de revenir à des choses plus humaines; elles n'aiment point trop à voir apparaître dans l'entretien Aristote, Platon et leurs commentateurs rébarbatifs, les théories du chaud et du froid, de la forme et de la substance. Tout de suite les causeurs reviennent au beau courant de la conversation mondaine, et se font pardonner leur érudition et leur métaphysique par des discours agréables et galants. D'ailleurs, si ardue que soit la matière et si vive que soit la dispute, ils gardent toujours le style élégant et parfait. Ils sont scrupuleux sur la propriété des expressions; ils sont puristes, comme le seront plus tard les beaux diseurs de l'hôtel de Rambouillet, contemporains de Vaugelas et fondateurs de notre littérature classique. Mais leur tour d'esprit est plus poétique, comme leur langue est plus musicale. Par ses riches cadences et ses terminaisons sonores, l'italien donne la beauté et l'harmonie aux choses les plus ordinaires, et encadre d'une décoration noble et voluptueuse des objets qui par eux-mêmes sont déjà beaux. Il s'agit de peindre les funestes effets de la vieillesse : le style, comme le ciel italien, verse une lumière dorée jusque sur les ruines, et change un spectacle lugubre en un noble tableau :

« En ce temps-là se fanent et tombent dans notre « cœur les douces fleurs de la joie, comme en automne « les feuilles des arbres. Au lieu des pensées sereines « et limpides, arrive, comme un nuage trouble, la tris- « tesse, accompagnée de mille calamités, de sorte que, « non seulement le corps, mais encore l'esprit est « malade et ne garde de tous ses plaisirs passés qu'un « souvenir tenace et l'image de ce bien-aimé temps, de « cet âge tendre dans lequel, quand nous y revenons « par la pensée, il nous semble que le ciel et la terre « et toutes choses nous fassent fête et rient autour de « nos yeux, et qu'en notre âme, comme en un beau et « délicieux jardin, fleurisse le doux printemps de l'allé- « gresse. C'est pourquoi, lorsque dans la froide saison « le soleil de nos jours s'incline vers le couchant et « nous prive de nos plaisirs, il serait peut-être à propos « de perdre avec eux leur mémoire, et de trouver un « art qui nous enseigne l'oubli. »

Le sujet de l'entretien ne dépare point l'entretien lui-même. Chacun, à la requête de la duchesse, entreprend d'expliquer quelques-unes des qualités qui font le cavalier parfait et la dame accomplie; on cherche le genre d'éducation qui peut le mieux former l'âme et le

corps, non seulement pour les emplois de la société
civile, mais encore pour les agréments de la vie mondaine. Considérez tout ce qu'on demandait alors à
l'homme bien élevé, quelle finesse, quel tact, quelle
variété de connaissances. Nous nous croyons bien civilisés, et néanmoins, après trois cents ans d'éducation
et de culture, nous pourrions encore trouver là des
exemples et des leçons.

« Je veux que notre homme de cour soit plus que
« médiocrement instruit dans les lettres, au moins dans
« celles qu'on appelle belles-lettres ; et qu'il sache,
« non seulement la langue latine, mais encore la
« grecque, à cause de la multitude et de la variété des
« divins écrits qui sont en cette langue...; qu'il soit
« versé dans les poètes, et pareillement dans les ora-
« teurs et historiens, et, de plus, exercé à écrire en
« vers et en prose, principalement dans notre langue
« vulgaire ; car, outre le contentement qu'il y trouvera
« lui-même, il ne manquera jamais de propos agréables
« avec les dames, lesquelles ordinairement aiment ces
« sortes de choses.

« Je ne serais pas content de notre cavalier s'il n'était
« encore musicien et si, outre la capacité et l'habitude
« de lire sa partie sur le livre, il ne savait jouer de
« divers instruments.... Car, outre la diversion et l'apai-
« sement des soucis que la musique donne à chacun,
« elle sert souvent à contenter les dames, dont les
« cœurs tendres et délicats sont aisément pénétrés par
« l'harmonie et remplis de ses douceurs. » — Il ne

s'agit point d'être un virtuose et de faire parade d'un talent spécial. Les talents ne sont faits que pour le monde; on ne doit point les acquérir par pédanterie, mais pour être aimable; on ne doit point les exercer pour obtenir l'admiration des autres, mais pour leur donner du plaisir. C'est pourquoi **on ne doit** être étranger à aucun des arts agréables.

« Il y a encore une chose que j'estime de grande
« importance; aussi notre cavalier ne doit-il nullement
« la laisser en arrière; c'est le talent de dessiner et la
« connaissance de la peinture. » Elle est un des ornements de la vie supérieure et polie, et, à ce titre, l'esprit cultivé doit s'y attacher, comme il s'attache à toute élégance. Mais, en cela comme dans le reste, il ne faut point d'excès. Le talent véritable, l'art auquel se subordonnent tous les autres, c'est le tact, « une certaine
« prudence, un jugement, un choix judicieux, la con
« naissance du plus, du moins, de ce qui croît ou
« diminue dans les choses et fait qu'on les accomplit
« avec opportunité ou hors de saison. Par exemple,
« quand même notre cavalier saurait que les louanges
« qu'on lui donne sont véritables, il ne faut pas qu'il
« en demeure d'accord ouvertement..., mais plutôt que
« modestement il les repousse, montrant toujours et
« prenant effectivement pour sa principale profession
« le métier des armes, et n'acceptant les autres talents
« que comme ornements de celui-là. Quand il danse en
« présence de beaucoup de personnes et dans un lieu
« plein de gens, il me semble qu'il doit garder une

« certaine dignité, tempérée néanmoins par une douceur
« aisée et gracieuse des mouvements. S'il en vient à
« faire de la musique, que ce soit pour passer le temps
« et comme contraint..., et, quoiqu'il sache ce qu'il
« fait et y soit maître, je veux qu'il dissimule l'étude
« et la fatigue qui sont nécessaires en toute chose pour
« la savoir bien; qu'il fasse semblant de ne pas lui-
« même attacher grande importance à cette sorte de
« chose, tout en la faisant très bien, et de façon à ce
« que les autres en prennent grande estime ». Il ne
faut pas qu'il se pique d'une habileté qui ne convient
qu'aux gens du métier. Il doit se faire respecter lui-
même, partant ne pas s'abandonner, mais au contraire
se contenir, être maître de soi. Son visage doit être
calme comme celui d'un Espagnol. Qu'il soit propre
et soigné dans ses habits; que son goût en cela soit
viril et non féminin; qu'il préfère la couleur noire,
comme signe d'un caractère plus grave et plus posé.
Pareillement, il ne doit point se laisser emporter par la
gaieté ou la verve, par la colère ou l'égoïsme. Qu'il évite
les grossièretés, les paroles crues, les mots qui peuvent
faire rougir les dames. Qu'il soit poli, plein de con-
descendance et d'urbanité pour autrui. Qu'il sache dire
des mots plaisants et conter des histoires gaies, mais
avec décence. La meilleure règle qu'on puisse lui
donner, c'est de gouverner ses actions en vue de plaire
à la dame accomplie. Par cette transition ingénieuse, le
portrait du cavalier aboutit au portrait de la dame, et
les fines touches qui ont servi à la première peinture

deviennent encore plus délicates dans le second portrait.

« Comme il n'y a point de cour au monde, si grande
« qu'elle soit, qui puisse avoir ornement, splendeur ou
« gaieté sans les femmes, et comme il n'y a point de
« cavalier qui puisse avoir de la grâce, de l'agrément
« ou de la hardiesse, ni faire œuvre brillante de cava-
« lier sans la fréquentation, l'amour et la faveur des
« dames, notre portrait du cavalier resterait très
« imparfait, si les dames n'y intervenaient pour lui
« donner une partie de cette grâce par laquelle elles
« ornent et rendent parfaite la vie de cour.

« Je dis que la dame qui vit à la cour doit, avant
« toute chose, avoir une certaine affabilité aimable, par
« laquelle elle sache gracieusement entretenir toutes
« sortes de personnes de propos agréables, honnêtes,
« accommodés au temps, au lieu et à la qualité de la
« personne à qui elle parle. Elle doit avoir un dépor-
« tement tranquille et modeste, une honnêteté qui
« mette toujours de la mesure dans ses actions, mais
« en outre une certaine vivacité d'esprit par laquelle
« elle se montre éloignée de toute lourdeur; et néan-
« moins elle doit y joindre une certaine façon de bonté
« qui la fasse estimer non moins prudente, pudique et
« douce qu'aimable, judicieuse et fine. C'est pourquoi
« elle doit se tenir dans un certain milieu difficile, qui
« est comme composé de choses contraires, et aller
« jusqu'à certaines limites, mais sans les outrepasser.

« Cette dame ne doit donc pas, pour acquérir le

« renom d'honnête et de vertueuse, être tellement
« prude, et montrer tant d'horreur pour les compa-
« gnies et les propos même un peu lestes, qu'elle s'en
« retire lorsqu'elle s'y trouve, parce qu'on pourrait
« penser aisément qu'elle fait semblant d'être si austère
« pour cacher quelque chose d'elle-même qu'autrui
« pourrait savoir; d'ailleurs, les façons sauvages sont
« toujours odieuses. — Aussi peu doit-elle, pour se
« montrer libre et aimable, dire des paroles déshon-
« nêtes et user d'une certaine familiarité immodérée
« et déréglée, de façon à faire croire d'elle ce qui
« peut-être n'est pas. — Mais, quand il se trouve
« qu'elle assiste à des propos comme ceux qu'on a dits,
« elle doit le faire avec un peu de rougeur et de
« honte. » Si elle a de l'adresse, elle pourra détourner
la conversation vers des sujets plus décents et plus
nobles. Car son éducation ne demeure pas beaucoup
au-dessous de celle de l'homme. Elle aussi doit savoir
les lettres, la musique, la peinture, bien danser, causer
agréablement. — Les dames qui assistent à l'entretien
joignent l'exemple au précepte; leur bon goût et leur
esprit y brillent avec mesure; elles applaudissent à l'enthousiasme de Bembo, à ses nobles théories platoni-
ciennes sur l'amour universel et pur. Vous trouverez
alors en Italie des femmes qui, comme Vittoria Colonna,
Veronica Gambara, Costanza d'Amalfi, Tullia d'Aragona,
la duchesse de Ferrare, joignent des talents supérieurs
à une instruction supérieure. Si maintenant vous vous
rappelez les portraits du temps qui sont au Louvre, les

pâles et pensifs Vénitiens vêtus de noir, le *Jeune homme
de Francia*, si ardent et si immobile, la délicate *Jeanne
de Naples*, au col de cygne, le *Jeune homme à la sta-
tuette* de Bronzino, tous ces visages intelligents et
calmes, tous ces costumes riches et sévères, peut-être
pourrez-vous vous faire une idée de la finesse exquise,
des riches facultés, de la parfaite culture de cette
société qui, trois siècles avant la nôtre, remuait les
idées, goûtait l'élégance, pratiquait l'urbanité autant et
peut-être mieux que nous.

CHAPITRE IV

LES CONDITIONS SECONDAIRES (SUITE)

Ceci nous conduit à démêler un autre trait de cette civilisation et une autre condition de la grande peinture. A d'autres époques, la culture des esprits a été aussi fine, sans que la peinture ait eu pareil éclat. De notre temps, par exemple, les hommes, ayant accumulé, par-dessus les connaissances du xvi⁰ siècle, trois cents ans d'expériences et de découvertes, sont plus savants et mieux pourvus d'idées que jamais; cependant on ne peut pas dire que les arts du dessin dans l'Europe contemporaine produisent d'aussi belles œuvres qu'en Italie au temps de la Renaissance. Il ne suffit donc pas, pour expliquer les grandes œuvres de l'an 1500, de remarquer la vive intelligence et la culture complète des contemporains de Raphaël; il faut encore définir cette espèce d'intelligence et de culture, et, après avoir comparé l'Italie à l'Europe du xv⁰ siècle, la comparer à cette Europe où nous vivons aujourd'hui.

Entrons d'abord dans le pays qui certainement est, de nos jours, le plus savant de l'Europe, l'Allemagne. Là, surtout dans l'Allemagne du Nord, tout le monde

sait lire ; de plus, les jeunes gens passent aux univer-
sités cinq ou six ans, non seulement les jeunes gens
riches ou aisés, mais presque tous les hommes de la
classe moyenne, et quelques-uns de la classe inférieure,
au prix de longues misères et de grandes privations.
La science est là-bas en si grand honneur, qu'elle produit parfois l'affectation et souvent la pédanterie. Beaucoup de jeunes gens, quoique ayant de très bons yeux,
portent des lunettes, afin de se donner un air plus
savant. Ce qui domine dans une tête allemande de vingt
ans, ce n'est pas le désir de faire figure au cercle ou
au café, comme cela se voit en France, c'est la volonté
d'acquérir des vues d'ensemble sur l'humanité, le
monde, le surnaturel, la nature, et sur beaucoup
d'autres choses encore ; bref, d'avoir une philosophie
complète. Il n'y a pas de pays où l'on rencontre un si
grand goût, une si habituelle préoccupation, une si
naturelle intelligence des hautes théories abstraites.
C'est la patrie de la métaphysique et des systèmes.
Mais cette surabondance des méditations supérieures
a nui aux arts du dessin. Les peintres allemands
s'efforcent d'exprimer sur leurs toiles ou dans leurs
fresques des idées humanitaires ou religieuses. Ils
subordonnent à la pensée la couleur et la forme ; leur
œuvre est symbolique ; ils peignent sur les murailles
un cours de philosophie et d'histoire, et, si vous
allez à Munich, vous verrez que les plus grands sont
des philosophes égarés dans la peinture, plus capables
de parler à la raison qu'aux yeux, et dont l'instru-

ment devrait être une plume, non un pinceau.

Passons en Angleterre. Là, un homme de la classe moyenne entre très jeune dans un magasin ou dans un bureau ; il y travaille dix heures de la journée, travaille encore chez lui, et tend toutes les forces de son esprit et de son corps pour gagner assez d'argent. Il se marie et a beaucoup d'enfants ; partant, il travaille encore davantage ; la concurrence est âpre, le climat est dur, et les besoins sont grands. Un gentleman, un riche, un noble, n'a pas de loisirs beaucoup plus larges ; il est affairé et astreint à des devoirs graves. La politique absorbe l'attention de tout le monde : des *meetings*, des comités, des clubs, des journaux comme *le Times*, qui tous les matins vous apporte un volume entier à lire, des chiffres, des statistiques, une lourde masse de faits indigestes à dévorer et à digérer, pardessus tout cela, de grosses affaires religieuses, des fondations, des entreprises, la préoccupation incessante d'améliorer la chose publique et privée, des questions d'argent, de prépondérance, de conscience, des raisonnements utilitaires ou moraux, voilà la pâture de l'esprit. C'est pourquoi la peinture et les autres arts qui s'adressent aux sens sont relégués ou tombent d'eux-mêmes à une place inférieure. On n'a pas le temps de s'en occuper ; on pense à des affaires plus graves et plus pressantes ; on s'y attache par mode et convenance ; ils sont une simple curiosité ; ils fournissent une étude intéressante à quelques amateurs. On pourra bien trouver quelques protecteurs qui donneront de l'argent

pour fonder des musées, acheter des dessins originaux,
établir des écoles, comme ils auraient fait pour toute
autre chose, pour la propagation de l'Évangile, pour
l'entretien des enfants trouvés, pour la guérison des
épileptiques. Encore ces protecteurs songeront à l'intérêt public et social : ils croient que la musique
adoucit le peuple et diminue l'ivrognerie du dimanche,
que les arts du dessin préparent de bons ouvriers pour
les étoffes et les bijoux de luxe. Le goût manque ; le
sentiment des belles formes et des belles couleurs n'est
ici qu'un fruit d'éducation, une orange exotique péniblement cultivée en serre chaude, à grands frais, le
plus souvent acide ou rance. Les peintres contemporains du pays sont des ouvriers d'un talent exact et
étroit ; ils feront une botte de foin, un pli de vêtement,
une bruyère avec une sécheresse et une minutie bles-
santes ; l'effort prolongé, l'attention continue de toute
la machine physique et morale a dérangé chez eux
l'équilibre des sensations et des images ; ils sont
devenus insensibles à l'harmonie des couleurs, ils
versent sur leur toile des pots de vert perroquet, font
des arbres en zinc ou en tôle, peignent les corps avec
du rouge sang de bœuf ; sauf dans l'étude des physionomies et dans la science des caractères moraux, leur
peinture est choquante, et leurs expositions nationales présentent aux étrangers un assemblage de couleurs aussi aigre, aussi discordant, aussi violent qu'un
charivari.

On répondra que ces gens-là sont des Allemands et

des Anglais, sérieux, protestants, hommes d'érudition
ou d'affaires, et qu'à Paris du moins on a du goût et
l'on cherche le plaisir. Il est vrai que Paris, en ce
moment, est la ville du monde où l'on aime le plus
à causer, à lire, à juger les arts, à démêler les
nuances du beau, et où les étrangers trouvent la vie
la plus agréable, la plus diversifiée, la plus gaie.
Et cependant la peinture française, quoiqu'elle sur-
passe celle des pays étrangers, n'égale pas, de l'aveu
des Français eux-mêmes, la peinture italienne de la
Renaissance. En tout cas, elle est différente : ses
œuvres indiquent un autre esprit et s'adressent à
d'autres esprits. Elle est bien plus poétique, historique
ou dramatique que pittoresque. Inférieure dans le sentiment du beau corps nu et de la belle vie simple, elle
s'est travaillée en tous sens, pour représenter les vraies
scènes et le costume exact des pays lointains et des
temps passés, les émotions tragiques de l'âme, les
aspects saisissants du paysage. Elle est devenue la
rivale de la littérature; elle a exploité et fouillé le
même champ; elle a fait le même appel à la curiosité
insatiable, à l'esprit archéologique, au besoin d'émotions fortes, à la sensibilité raffinée et maladive. Elle
s'est transformée pour parler à des citadins, lassés par
le travail, emprisonnés dans la vie sédentaire, comblés
d'idées composites, avides de nouveautés, de documents, de sensations, et aussi du calme des champs.
Entre le xve et le xixe siècle, un changement énorme
s'est accompli; l'ameublement et le remue-ménage

intérieurs de la tête humaine se sont compliqués outre mesure. A Paris et en France, il y a trop d'effort, et pour deux raisons. — D'abord la vie est devenue coûteuse. Une foule de petites commodités sont maintenant indispensables. Il faut des tapis, des rideaux, des fauteuils, même à un homme sobre et qui vit seul ; s'il se marie, il lui faut, en outre, des étagères couvertes de brimborions, une jolie installation dispendieuse, un appareil infini de menues choses qui, devant être acquises avec de l'argent et ne pouvant être volées sur les grands chemins ou acquises par des confiscations comme au xvᵉ siècle, doivent être péniblement gagnées par le travail. La plus grande partie de la vie se dépense donc en efforts laborieux. — En outre, on veut parvenir ; comme nous formons une grande démocratie où les places sont données au concours, obtenues par la persévérance, conquises par l'habileté, chacun de nous espère vaguement devenir ministre ou millionnaire, et cette rivalité nous entraîne à doubler nos occupations, nos préoccupations et nos tracas.

D'autre part, nous sommes ici seize cent mille, c'est beaucoup, et c'est trop. Paris étant la ville où il y a le plus de chances de parvenir, tous ceux qui ont de l'esprit, de l'ambition, de l'énergie y accourent et s'y coudoient. La capitale du pays devient ainsi le rendez-vous universel de tous les hommes supérieurs et spéciaux : ils mettent en commun leurs inventions et leurs recherches ; ils s'aiguillonnent les uns les autres ; par les lectures, le théâtre et les conversations de toute espèce, ils contractent une sorte de fièvre. La cervelle, à Paris, n'est pas dans un état régulier et sain ; elle est surchauffée, surmenée, surexcitée, et ses œuvres, peinture ou littérature, s'en ressentent, parfois à leur avantage, plus souvent à leur détriment.

Il n'en était pas ainsi en Italie. On n'y voyait pas un million d'hommes en tas dans un enclos, mais nombre de cités de cinquante, cent ou deux cent mille âmes ; on n'y trouvait pas cette presse d'ambitions, cette fermentation de curiosités, cette concentration de l'effort, cette exagération de l'activité humaine. Une cité était une élite, et non, comme chez nous, une multitude. En outre, le besoin du confortable était médiocre ; les corps étaient encore rudes ; on voyageait à cheval, et l'on vivait fort bien en plein air. Les grands palais de cette époque sont magnifiques, mais je ne sais si un petit bourgeois moderne voudrait les habiter ; ils sont incommodes, on y a froid ; les sièges sculptés et décorés de têtes de lions ou de satyres dansants sont des chefs-d'œuvre d'art, mais vous les trouveriez fort durs, et le moindre appartement, la loge d'un concierge de bonne maison, munie de son calorifère, est plus confortable que le palais de Léon X et de Jules II. Ils n'avaient pas besoin de toutes les petites aisances dont nous ne savons nous passer aujourd'hui ; ils mettaient leur luxe dans la possession du beau, non du bien-être ; ils songeaient à un noble agencement de colonnes et de figures, non à une acquisition économique de chinoiseries, de divans et d'écrans. Enfin, les rangs étant fermés et ne s'ouvrant que par la fortune militaire ou par la faveur du prince, pour quelques illustres brigands, pour cinq ou six assassins supérieurs, pour quelques parasites agréables, on ne voyait pas dans la société cette âpre concurrence, cette agitation de fourmilière, cet acharnement incessant et prolongé par lequel chacun de nous veut dépasser autrui.

Tout cela revient à dire que l'esprit humain était alors mieux équilibré que dans cette Europe et ce Paris où nous vivons. Du moins, il était mieux équilibré pour la peinture. Les arts du dessin demandent pour fleurir un sol qui ne soit pas en friche, mais qui ne soit point trop cultivé. Il était massif et dur dans l'Europe féodale; aujourd'hui il est émietté; auparavant la civilisation n'y avait pas assez promené sa charrue; aujourd'hui elle y a multiplié ses sillons à l'excès et à l'infini. Pour que les grandes formes simples arrivent à se fixer sur la toile par la main d'un Titien et d'un Raphaël, il faut qu'elles se produisent naturellement autour d'eux dans l'esprit des hommes; et, pour qu'elles se produisent naturellement dans l'esprit des hommes, il faut que les *images* n'y soient pas étouffées, ni mutilées par les *idées*.

Laissez-moi m'arrêter un instant sur ce mot, car il est capital. Le propre de l'extrême culture est d'effacer de plus en plus les images au profit des idées. Sous l'effort incessant de l'éducation, de la conversation, de la réflexion et de la science, la vision primitive se déforme, se décompose et s'évanouit pour faire place à des idées nues, à des mots bien classés, à une sorte d'algèbre. Le train courant de l'esprit est désormais le raisonnement pur. S'il revient aux images, c'est avec effort, par soubresaut maladif et violent, par une espèce d'hallucination désordonnée et dangereuse. — Tel est aujourd'hui notre état d'esprit. Ce n'est plus naturellement que nous sommes peintres. Notre cerveau s'est rempli d'idées mélangées, nuancées, multipliées, entre-croisées ; toutes les civilisations, celle de notre pays, celles de l'étranger, celles du passé, celles du présent, y ont versé leur inondation et leurs détritus. Prononcez, par exemple, le mot *arbre* devant un moderne ; il saura qu'il ne s'agit ni d'un chien ni d'un mouton, ni d'un meuble ; il logera ce signe en sa tête, dans une case étiquetée et distincte ; c'est là ce qu'aujourd'hui nous appelons comprendre. Nos lectures et notre savoir ont peuplé notre esprit de signes abstraits ; nos habitudes d'ordonnance nous conduisent régulièrement et logiquement de l'un à l'autre. Nous ne faisons qu'entrevoir par fragments les formes colorées ; elles ne persistent pas en nous ; elles s'ébauchent vaguement sur la toile intérieure, elles s'enfuient aussitôt. Si nous parvenons à les retenir et à les préciser, c'est par la volonté, après un long exercice, après une contre-éducation qui violente notre éducation ordinaire ; ce terrible effort aboutit à la souffrance et à la fièvre ; nos plus grands coloristes, littérateurs ou peintres, sont des visionnaires surmenés ou détraqués[1]. — Au contraire, les artistes de la Renais-

1. Henri Heine, Victor Hugo, Shelley, Keats, Élisabeth Browning,

sance sont des voyants. Ce même mot *arbre*, entendu par des esprits encore sains et simples, leur fera voir à l'instant l'arbre tout entier, avec la masse ronde et mouvante de son feuillage lumineux, avec les angles noirs que ses branches dessinent sur le bleu du ciel, avec son tronc rugueux sillonné de grosses veines, avec ses pieds enfoncés dans le sol contre le vent et l'orage, de sorte que leur pensée, au lieu de se réduire à une notation et à un chiffre, leur fournira un spectacle animé et complet. Ils y persisteront sans peine, ils y reviendront sans effort; ils en choisiront l'essentiel, ils n'insisteront pas, avec une minutie douloureuse et obstinée, sur le détail; ils jouiront de leurs belles images, sans les arracher et lancer au dehors convulsivement, comme un lambeau palpitant de leur propre vie. Ils peignent comme un cheval court, comme un oiseau vole, spontanément; les formes colorées sont alors le langage naturel de l'esprit; quand les spectateurs les contemplent dans une fresque ou sur une toile, ils les ont déjà vues en eux-mêmes, ils les reconnaissent; elles ne sont point pour eux des étrangères, ramenées artificiellement sur la scène par une combinaison d'archéologie, un effort de volonté, une convention d'école; elles leur sont si familières, qu'ils les importent dans leur vie privée et dans leurs cérémonies publiques. Ils

Swinburne, Edgard Poe, Balzac, Delacroix, Decamps et quantité d'autres. Il y a eu de notre temps beaucoup de beaux tempéraments d'artistes. Presque tous ont souffert de leur éducation et de leur milieu. Gœthe seul a gardé l'équilibre, mais il a fallu sa sagesse, sa vie réglée et son perpétuel gouvernement de lui-même.

s'en entourent, et font des tableaux vivants à côté des tableaux peints.

En effet, considérez le costume : quelle différence entre nos pantalons, nos redingotes, notre funèbre habit noir, et leurs grandes simarres chamarrées, leurs pourpoints de velours et de soie, leurs collerettes de dentelle, leurs poignards, leurs épées damasquinées d'arabesques, leurs broderies d'or, leurs diamants, leurs toques à plumes ! Tout cet étalage de magnificence, qui n'est plus aujourd'hui qu'à l'usage des femmes, brillait alors sur le vêtement des gentilshommes. — Remarquez encore les fêtes pittoresques qui se donnaient dans toutes les villes, les entrées solennelles, les mascarades, les cavalcades, qui étaient le plaisir du peuple et des princes. — Par exemple, Galeazzo Sforza, duc de Milan, vient visiter Florence en 1471; il est accompagné de cinq cents hommes d'armes, de cinq cents hommes d'infanterie, de cinquante laquais à pied vêtus de soie et de velours, de deux mille gentilshommes et domestiques de suite, de cinq cents couples de chiens, et d'un nombre infini de faucons. Cette excursion lui coûte 200 000 ducats d'or. — Pietro Riario, cardinal de San Sisto, dépense 20 000 ducats en une seule fête pour la duchesse de Ferrare; il fait ensuite un voyage en Italie, avec un si nombreux cortège et tant de splendeur, qu'on le prendrait pour le pape, son frère. — Laurent de Médicis imagine à Florence une mascarade qui représente le triomphe de Camille. Quantité de cardinaux arrivent pour la voir. Laurent demande un éléphant au pape, qui lui envoie, à la place de l'éléphant, occupé ailleurs, deux léopards et une panthère ; le pape regrette que sa dignité l'empêche de venir à une si belle fête. — La duchesse Lucrèce Borgia fait son entrée dans Rome avec deux cents dames magnifiquement habillées, toutes à cheval, et chacune accompagnée d'un gentilhomme. — La prestance, les costumes, l'étalage des seigneurs et des princes, donnent partout l'idée d'une parade superbe d'acteurs sérieux. Sitôt qu'on lit les chroniques et les mémoires, on voit que les Italiens veulent faire de la vie une belle fête. Les autres soucis leur paraissent duperie. Il s'agit pour eux de jouir, jouir noblement, grandement, par l'esprit, par tous les sens, surtout par les yeux. En effet, ils n'ont pas autre chose à faire : ils ignorent nos préoccupations politiques et humanitaires, ils n'ont pas de parlements, de *meetings*, de grands journaux ; les hommes marquants ou puissants n'ont pas de foule raisonneuse à conduire, d'opinion publique à consulter, de discussions arides à soutenir, de statistiques à produire, de raisonnements moraux ou sociaux à échafauder. L'Italie est gouvernée par de petits tyrans qui ont pris le pouvoir par la force, et le gardent comme ils l'ont pris. Dans leurs moments libres, ils font bâtir et peindre. Les riches et les nobles songent comme eux à s'amuser, à se pourvoir de belles maîtresses, à posséder des statues, des tableaux, de beaux habits, à mettre des affidés auprès du prince, pour être avertis si quelqu'un les dénonce et veut les faire tuer.

Ce ne sont pas non plus les idées religieuses qui les tourmentent ou les occupent ; les amis de Laurent de Médicis, d'Alexandre VI ou de Ludovic le More, ne songent guère à faire des missions, des entreprises pour la conversion des païens, des souscriptions pour instruire et « moraliser » le peuple ; on n'était pas fervent alors en Italie, on n'était rien moins que fervent. Luther, qui vint à Rome, l'esprit rempli de scrupules et de foi, fut scandalisé et disait au retour : « Les Italiens sont les plus impies des hommes ; ils se « moquent de la vraie religion, ils nous raillent, nous « autres chrétiens, parce que nous croyons tout dans « l'Écriture.... Il y a un mot qu'ils disent quand ils « vont à l'église : « Allons nous conformer à l'erreur « populaire. » — « Si nous étions obligés, disent-ils « encore, de croire en tout la parole de Dieu, nous « serions les plus misérables des hommes, et nous ne « pourrions jamais avoir un moment de gaieté. Il faut « prendre une mine convenable et ne pas tout croire. » — En effet, le peuple, par tempérament, est païen, et les gens bien élevés, par éducation, sont incrédules. « Les Italiens, dit encore Luther avec horreur, sont ou « épicuriens ou superstitieux. Le peuple craint plus « saint Antoine et saint Sébastien que le Christ, à cause « des plaies qu'ils envoient. C'est pourquoi, quand on « veut empêcher les Italiens d'uriner dans un lieu, on « y peint saint Antoine avec sa lance de feu. Voilà « comment ils vivent dans une extrême superstition, « sans connaître la parole de Dieu, ne croyant ni à la

« résurrection de la chair, ni à la vie éternelle, et ne
« craignant que les plaies temporelles. » — Nombre de
philosophes sont, en secret, ou presque ouvertement,
contraires à la révélation et à l'immortalité de l'âme.
L'ascétisme chrétien et la doctrine des mortifications
répugnent à tous. Vous trouverez dans les poètes, chez
l'Arioste, chez Ludovici le Vénitien, chez Pulci, les plus
vives attaques contre les moines et les plus libres insi-
nuations contre les dogmes. Pulci, dans un poème
bouffon, met en tête de chaque chant un *Hosanna*, un
In principio, un texte sacré de la messe. Pour expliquer
comment l'âme peut entrer dans le corps, il la compare
à ces confitures qu'on enveloppe dans du pain blanc
tout chaud. Que devient-elle dans l'autre monde? « Cer-
« taines gens croient y trouver des becfigues, des orto-
« tolans tout plumés, d'excellents lits, et, à cause de
« cela, marchent sur les talons des moines. Mais, mon
« cher ami, une fois que nous serons descendus dans
« la vallée noire, nous n'entendrons plus chanter
« *alleluia*. »

Contre cette sensualité et cet athéisme, les moralistes
et les prédicateurs de cette époque, par exemple Bruno
et Savonarole, tonnent de toute leur force. Savonarole
disait aux Florentins qu'il allait convertir pour trois ou
quatre ans : « Votre vie est une vie de porcs, elle se
« passe toute au lit, dans les commérages, sur les pro-
« menades, dans les orgies et la débauche. » Défalquons
de cela ce qu'il faut toujours retrancher lorsque c'est
un prédicateur ou un moraliste qui parle et qui fait la

grosse voix pour être entendu; quoi que vous ôtiez, il
restera toujours quelque chose. On voit par la biographie des seigneurs de cette époque, par les amusements cyniques ou raffinés des ducs de Ferrare et de
Milan, par l'épicurisme délicat ou la franche licence des
Médicis à Florence, jusqu'où était poussée la recherche
de tous les plaisirs. Ces Médicis étaient des banquiers
qui, un peu par force et beaucoup par adresse, étaient
devenus les premiers magistrats et les vrais souverains
de la cité. Ils entretenaient autour d'eux des poètes,
des peintres, des sculpteurs, des savants; ils faisaient
peindre dans leurs palais des chasses et des amours
mythologiques; en fait de tableaux, ils aimaient les
nudités de Dello et de Pollaiolo, et aiguisaient le grand
et noble paganisme par une pointe de sensualité voluptueuse. C'est pourquoi ils étaient tolérants pour les
escapades de leurs peintres. Vous savez l'histoire de
Fra Filippo Lippi, qui avait enlevé une religieuse; les
parents se plaignent; là-dessus les Médicis se mettent à
rire. Le même Fra Filippo, travaillant chez eux, était si
passionné pour ses maîtresses que, lorsqu'on l'enfer-
mait pour lui faire achever un travail, il prenait les
draps de son lit et en faisait une corde pour s'échapper
par la fenêtre. A la fin, Côme dit : « Qu'on lui laisse la
« porte ouverte; les hommes de talent sont des essences
« célestes, et non des bêtes de somme : il ne faut ni
« les emprisonner ni les contraindre. » — A Rome,
c'était pis; je ne vous conterai pas les amusements
d'Alexandre VI : il faut les lire dans le journal de son

chapelain Burckhard; le latin seul peut exposer des priapées et des bacchanales. Pour Léon X, c'est un homme de goût qui aime le beau latin et les épigrammes ingénieuses; mais il ne s'abstient point pour cela du libre plaisir et de la franche joie physique. Autour de lui, Bembo, Molza, l'Arétin, Baraballo, Querno, quantité de poètes, de musiciens, de parasites, mènent une vie peu édifiante, et d'ordinaire leurs vers sont plus que lestes; le cardinal Bibiena fait représenter devant lui une comédie, la *Calandra*, qu'on n'oserait jouer aujourd'hui sur aucun théâtre. Lui-même s'amuse à faire servir à ses convives des mets en forme de singes et de corbeaux. Il a pour bouffon un moine mendiant, Mariano, mangeur terrible, « qui avale d'une bouchée « un pigeon bouilli ou rôti, et peut, dit-on, engloutir « quarante œufs et vingt poulets ». Il se plaît aux grosses gaietés, aux imaginations fantasques et burlesques; la verve et la sève animale surabondent en lui comme chez les autres; il chasse avec passion, botté, éperonné, le cerf et le sanglier dans les coteaux sauvages de Civita-Vecchia; et les fêtes qu'il se donne ne sont pas plus ecclésiastiques que ses mœurs. Un secrétaire du duc de Ferrare, témoin oculaire, décrit ainsi l'une de ses journées. Jugez, par le contraste de ses plaisirs et des nôtres, combien l'empire des convenances s'est agrandi, combien les libres et forts instincts naturels se sont réduits, combien la vive imagination s'est soumise à la pure intelligence, et quelle distance nous sépare de ces temps à demi païens, tout sensuels,

mais tout pittoresques, où la vie de l'esprit ne primait
pas la vie du corps.

« J'ai été à la comédie dimanche soir[1]; monseigneur
« de Rangoni[2] me fit entrer où était le pontife avec ses
« jeunes et révérendissimes cardinaux, dans une anti-
« chambre de Cibo[3]. Sa Sainteté s'y promenait, laissant
« s'introduire tels et tels dont la qualité lui convenait,
« et, une fois arrivés au nombre qu'il avait déterminé,
« on se rendit au local destiné à la comédie; notre Saint-
« Père s'était placé à la porte, et, sans bruit, en don-
« nant sa bénédiction, il en permettait l'entrée à qui
« bon lui semblait. Une fois admis dans la salle, on
« trouvait la scène d'un côté, de l'autre une place à
« gradins, sur laquelle était installé le siège du pontife,
« qui, après l'entrée des laïcs, se plaça dans sa
« chaise, élevée de cinq marches au-dessus du sol,
« suivi des révérendissimes et des ambassadeurs, qui
« prirent place autour de la chaise selon leur rang, et,
« une fois la foule reçue, qui pouvait être de deux mille
« personnes, au son des fifres, on fit descendre la toile,
« sur laquelle on avait peint frère Mariano[4] avec plu-

1. Publié pour la première fois dans la *Gazette des Beaux-Arts*,
par le marquis Joseph Campori.
2. Hercule Rangoni, cardinal.
3. Le cardinal Innocent, fils de Franceschetto Cibo et de Magde-
leine Médicis, sœur de Léon X.
4. Frère Mariano Fetti, laïc dominicain qui succéda au Bramante, prédécesseur de Sebastiano dans l'office du *Piombo*
(Plomb), fut un des esprits les plus gais et plaisants à la cour de
Léon X, conjointement avec Barabállo, Querno et leurs pareils, et
tout à la fois protecteur et ami des artistes.

« sieurs diables qui folâtraient avec lui sur chaque côté
« de la toile, au milieu de laquelle il y avait un bref qui
« disait : « Voilà les caprices de frère Mariano. » On
« fit de la musique, et le pape avec ses lunettes admi-
« rait la scène qui était très belle et faite de la main
« de Raphaël; réellement, c'était un beau coup d'œil
« d'issues et de perspectives qui furent très vantées. Sa
« Sainteté admirait aussi le ciel, qui était merveilleuse-
« ment représenté; les candélabres étaient formés par
« des lettres, et chaque lettre supportait cinq torches
« qui disaient : « *Leo X, Pont. Maximus.* » — Le
« nonce comparut en scène, et récita un argument; il
« railla le titre de la comédie, les *Suppositi*, à tel
« point que le pape en a ri du meilleur cœur avec les
« assistants (spectateurs), et, par ce que j'entendis, les
« Français furent un peu scandalisés du sujet des *Sup-
« positi*. On récita la comédie, qui fut bien dite (jouée),
« et, à chaque acte, il y eut un intermède de musique
« avec les fifres, les cornemuses, deux cornets, des
« violes, des luths, et le petit orgue aux sons si variés
« qui fut donné au pape par monseigneur très illustre,
« d'heureuse mémoire; il y avait en même temps une
« flûte et une voix qui plut beaucoup; il y eut aussi
« un concert de voix qui ne réussit pas aussi bien, selon
« moi, que les autres œuvres de musique. Le dernier
« intermède fut *la Mauresque*, qui figurait la fable de
« Gorgone, très bonne, mais pas dans cette perfection
« où j'ai vu représenter dans le palais de votre seigneu-
« rie : ainsi se termina la fête. Les auditeurs commen-

« cèrent à partir, et si à la hâte et en si grande foule,
« que, mes destins m'ayant poussé à travers un petit
« banc, je courus le danger de me casser une jambe.
« Bondelmonte reçut un choc très violent d'un Espagnol,
« et, pendant que le premier commençait à donner des
« coups de poing au second, on me rendit plus facile
« le moyen de m'échapper; il est certain que je courus
« grand danger pour ma jambe; j'ai trouvé d'ailleurs
« une compensation à ce malheur dans une grande béné-
« diction et dans la mine gracieuse dont le Saint-Père
« me fit la faveur.

« Le jour qui précéda cette soirée, il y eut une course
« de chevaux où l'on vit une troupe de genets, ayant
« pour chef Mgr. Corner, habillée à la mauresque diver-
« sement, et ensuite une autre à l'espagnole, vêtue de
« satin alexandrie avec doublure de soie changeante,
« capuchon et justaucorps, ayant en tête Serapica avec
« plusieurs valets de chambre de service. Cette dernière
« se composait de vingt chevaux; le pape avait donné
« quarante-cinq ducats à chacun des cavaliers, et, en
« vérité, c'était une belle livrée, avec estafiers et trom-
« pettes aux mêmes couleurs de soie. Arrivés sur la
« place, ils commencèrent à courir deux à deux vers la
« porte du palais, où se tenait le pape aux croisées, et,
« cette course terminée par les deux troupes, la com-
« pagnie Serapica se retira de l'autre côté de la place,
« et la Cornera vers Saint-Pierre; la Serapica, prenant
« les cannes, vint attaquer la Cornera qui avait aussi
« les siennes; la Serapica lança les cannes sur la Cor-

« nera, qui fit de même contre sa rivale, et les deux
« s'attaquèrent et fondirent l'une sur l'autre, ce qui
« était très beau à voir et sans danger. On remarquait
« de très beaux chevaux et des cavales genettes. Le
« jour suivant, il y eut combats de taureaux ; j'étais
« avec le seigneur M. Antoine, ainsi que je l'ai écrit :
« trois hommes furent tués et cinq chevaux blessés,
« deux sont morts, et entre autres un de Serapica, un
« très beau genet, qui le lança à terre, et lui fit courir
« grand danger, car le taureau était sur lui, et, si on
« n'eût aiguillonné la bête à coups de pique, elle n'aurait
« pas lâché et elle l'aurait tué. On assure que le pape
« s'écriait : « Pauvre Serapica ! » et qu'il se lamentait
« beaucoup. J'entends dire que le soir on a joué cer-
« taine comédie d'un moine..., et, comme elle ne causa
« pas grande satisfaction, le pape, au lieu de faire danser
« *la Mauresque*, fit bálancer dans l'air le moine enve-
« loppé dans une couverture, de manière à lui faire
« donner un grand coup de ventre sur le plancher de la
« scène ; ensuite il lui fit couper les jarretières et sortir
« les bas des talons ; mais le bon moine se mit à mordre
« à belles dents trois ou quatre de ses palefreniers. Il
« fut forcé à la fin de monter à cheval, et on lui frappa
« avec la main tant de coups sur le derrière, que,
« d'après ce qui m'a été rapporté, il a fallu lui appliquer
« beaucoup de ventouses sur les parties postérieures ;
« il est au lit et n'est pas bien. On dit que le pape en a
« agi ainsi pour donner un exemple aux autres moines,
« afin qu'ils s'ôtent de la tête l'idée d'exhiber leurs moi-

« neries. Cette *Mauresque* le fit beaucoup rire. —
« Aujourd'hui est venu le tour de la course à la bague
« devant la porte du palais, le pape y étant et regar-
« dant de ses fenêtres; les prix étaient déjà inscrits sur
« des vases. Vint après, la course des buffles : c'était
« chose plaisante de voir courir ces vilaines bêtes qui
« tantôt se portaient en avant, tantôt reculaient ; pour
« qu'elles arrivent au but et avant de l'atteindre, il leur
« faut beaucoup de temps, car elles font un pas en
« avant et quatre en arrière, de manière que le but
« est toujours difficile à gagner. Le dernier qui arriva
« fut celui qui était en avant, aussi remporta-t-il le
« prix ; ils étaient au nombre de dix, et, ma foi, ce fut
« un fameux badinage. Je me retirai ensuite chez
« Bembo ; je fis une visite à Sa Sainteté, où je rencon-
« trai l'évêque de Bayeux. On n'y parla que de masques
« et de choses gaies.

« De Rome, ce jour, 8 mars MDXVIII, à la quatrième
« heure de nuit.

« De votre Seigneurie très illustre,

« Le serviteur, ALFONSO PAULUZO. »

Ce sont là les plaisirs du carnaval, dans une cour qui
semble devoir être la plus grave et la plus décente de
l'Italie; on y voit aussi des courses « d'hommes nus »,
comme dans les anciens jeux de la Grèce; on y a vu des
priapées comme dans les cirques de l'ancien empire
romain. — Avec une imagination si fort tournée vers les

spectacles physiques, avec une civilisation qui donne le plaisir pour but à la vie humaine, avec un affranchissement si complet des soins politiques, des tracas industriels, des préoccupations morales, qui attachent aujourd'hui les esprits aux intérêts positifs et aux idées abstraites, il n'est pas étonnant qu'une race bien douée pour les arts et grandement cultivée ait goûté, inventé et conduit à la perfection l'art qui représente les formes sensibles. La Renaissance est un moment unique, intermédiaire entre le moyen âge et l'âge moderne, entre la culture insuffisante et la culture trop grande, entre le règne des instincts nus et le règne des idées mûres. L'homme cesse alors d'être un animal grossier, carnassier, qui ne sait qu'exercer ses membres ; il n'est pas encore un pur esprit de cabinet ou de salon, qui ne sait qu'exercer son raisonnement et sa langue. Il participe aux deux natures : il a des rêves intenses et prolongés comme le barbare ; il a des curiosités acérées et délicates comme l'homme civilisé. Comme le premier, il pense par des images ; comme le second, il trouve des ordonnances. Comme le premier, il cherche le plaisir sensible ; comme le second, il cherche au delà du plaisir cru. Il a des appétits, mais il a des raffinements. Il s'intéresse aux dehors des choses, mais il leur demande d'être parfaits ; les belles formes, qu'il contemple dans les œuvres de ses grands artistes, ne font que dégager les figures vagues dont sa tête est pleine, et contenter les instincts sourds dont son cœur est pétri.

CHAPITRE V

Il reste à savoir pourquoi ce grand talent pittoresque a pris pour principal sujet le corps humain, par quelles expériences, par quelles habitudes, par quelles passions, les hommes étaient préparés à s'intéresser aux muscles; pourquoi dans ce grand champ de l'art leurs yeux se sont tournés de préférence vers les figures saines, fortes, actives, que les âges suivants n'ont pas su retrouver ou n'ont copiées que par tradition.

Pour cela, après vous avoir exposé l'état des esprits, je vais tâcher de vous montrer l'espèce des caractères. — Par l'état des esprits, on entend le genre, le nombre et la qualité des idées qui se trouvent dans une tête humaine; elles en sont en quelque sorte l'ameublement. Mais l'ameublement d'une tête, comme celui d'un palais, change sans beaucoup de peine; on peut, sans toucher au palais, y mettre d'autres tentures, d'autres buffets, d'autres bronzes, d'autres tapis; pareillement, sans toucher à la structure intérieure d'une âme, on peut y mettre d'autres idées; un changement de condition ou d'éducation y suffit : selon que l'homme est ignorant ou

lettré plébéien ou noble, ses idées sont différentes. —
Il y a donc en lui quelque chose de plus important que
les idées, c'est sa charpente même, je veux dire son
caractère, en d'autres termes, ses instincts naturels, ses
passions primordiales, la grandeur de sa sensibilité, le
degré de son énergie; bref, la force et la direction de
son ressort intérieur. Pour vous faire voir cette structure profonde des âmes italiennes, je vais vous montrer
les circonstances, les habitudes, les besoins, qui l'ont
produite : vous la comprendrez mieux par son histoire
que par sa définition.

Le premier trait qu'on remarque alors en Italie, c'est
le manque d'une paix ancienne et stable, d'une justice
exacte, et d'une police surveillante comme celle à
laquelle nous sommes habitués chez nous. Nous avons
quelque peine à nous représenter cet excès d'anxiété,
de désordres et de violences. Nous sommes depuis trop
longtemps dans l'état contraire. Nous avons tant de
gendarmes et de sergents de ville que nous sommes
enclins à les trouver plus incommodes qu'utiles. Chez
nous, lorsque quinze personnes se rassemblent dans la
rue pour voir un chien qui s'est cassé la patte, un
homme à moustaches arrive et leur dit : « Messieurs,
« les rassemblements sont défendus, dispersez-vous. »
Cela nous paraît excessif; nous maugréons et nous
oublions de remarquer que ces mêmes hommes à moustaches donnent au plus riche et au plus faible l'assurance de se promener seul et sans armes à minuit dans
les rues désertes. Supprimons-les par la pensée, et

figurons-nous un monde dans lequel la police soit impuissante ou indifférente. On trouve de semblables pays dans l'Australie, en Amérique, par exemple, dans ces *placers* où les chercheurs d'or accourent en foule et vivent au hasard sans former encore un État organisé. Là, si l'on craint ou si l'on reçoit un coup ou une insulte, à l'instant on décharge son revolver sur le concurrent ou sur l'adversaire. Celui-ci riposte, et parfois les voisins s'en mêlent. A chaque instant, il faut défendre son bien ou sa vie, et le danger est là, brutal, subit, qui presse l'homme de tous les côtés.

Tel était à peu près, vers 1500, l'état des choses en Italie; on n'y connaissait rien de semblable à ce grand gouvernement qui, perfectionné chez nous depuis quatre siècles, regarde comme son devoir le plus élémentaire de conserver à chacun, non seulement son bien et sa vie, mais encore son repos et sa sécurité. Les princes de l'Italie étaient de petits tyrans qui, d'ordinaire, avaient usurpé le pouvoir par des assassinats, des empoisonnements, ou, du moins, par des violences et des trahisons. Naturellement, leur seule préoccupation était de conserver ce pouvoir. Quant à la sécurité des citoyens, ils n'y pourvoyaient guère. Les particuliers devaient se défendre eux-mêmes, et, en outre, se faire justice eux-mêmes; lorsqu'on avait quelque débiteur trop récalcitrant, lorsqu'on rencontrait un insolent dans la rue, lorsque l'on considérait un homme comme dangereux ou hostile, on trouvait très naturel de se débarrasser de lui au plus tôt.

Les exemples abondent, et vous n'avez qu'à parcourir les mémoires du temps pour voir combien cette habitude des violences privées et de l'appel à soi-même était enracinée.

« Le 20 septembre, il y eut, dit Stefano d'Infessura,
« un grand tumulte dans la ville de Rome, et tous les
« marchands fermèrent leurs boutiques. Ceux qui
« étaient dans leurs champs ou dans leurs vignes ren-
« trèrent en toute hâte, et tous, tant citoyens qu'étran-
« gers, prirent les armes, parce qu'on affirmait comme
« chose certaine que le pape Innocent III était mort. »

Le lien si faible de la société se rompait; on rentrait dans l'état sauvage; chacun profitait du moment pour se débarrasser de ses ennemis. Notez qu'en temps ordinaire les voies de fait, pour être un peu moins multipliées, n'en étaient pas moins sanguinaires. Les guerres privées de la famille des Colonna et de la famille des Orsini s'étendaient autour de Rome; ces seigneurs avaient des hommes d'armes et convoquaient leurs paysans; chaque bande saccageait les terres de l'ennemi; quand on faisait une trêve, elle était vite rompue, et chaque chef, bouclant son *giacco*, envoyait dire au pape que son adversaire était l'agresseur.

« Dans la ville même, il se faisait beaucoup de
« meurtres le jour et la nuit, et il se passait à peine
« un jour que quelqu'un ne fût tué.... Le troisième
« jour de septembre, un certain Salvador assaillit son
« ennemi, le seigneur Beneaccaduto, avec qui pourtant
« il était en paix sous une caution de 500 ducats. »

Cela signifie qu'ils avaient déposé tous les deux 500 ducats, qui devaient être perdus par le premier qui violerait la trêve. C'était chose habituelle que de garantir ainsi la foi jurée; il n'y avait pas d'autre moyen de préserver un peu la paix publique. On trouve dans le livre de dépenses de Cellini la note suivante, écrite de sa main : « Je note qu'aujourd'hui, 26 octobre 1556, « moi, Benvenuto Cellini, je suis sorti de prison et j'ai « fait avec mon ennemi une trêve d'un an. Chacun de « nous a fourni une caution de 300 écus. » Mais une garantie d'argent est faible contre la violence du tempérament et la férocité des mœurs. C'est pourquoi Salvador n'avait pu se tenir d'attaquer Beneaccaduto. « Il le « frappa de deux coups d'épée et le blessa mortelle- « ment, de sorte qu'il en mourut. »

Ici les magistrats, trop bravés, interviennent, et le peuple s'en mêle, à peu près comme aujourd'hui en Californie, lorsqu'on pratique la loi de Lynch. Dans les endroits nouvellement peuplés, quand les assassinats deviennent trop nombreux, les négociants, les personnes respectables, les hommes importants de la ville, accompagnés de tous les gens de bonne volonté, vont prendre les coupables en prison, et les pendent séance tenante. Pareillement, « le quatrième jour, le pape « envoya son vice-camérier avec les Conservateurs et « tout le peuple pour détruire la maison de Salvador. « Ils la détruisirent et, le même quatrième jour de « septembre, Jérôme, frère dudit Salvador, fut pendu, » probablement parce qu'on n'avait pas mis la main sur

Salvador lui-même. Dans ces exécutions tumultueuses et populaires, chacun répond pour les siens.

Il y a cinquante exemples semblables ; les hommes de ce temps sont habitués aux voies de fait, et je parle non seulement des gens du peuple mais des personnages qui, étant de haut rang ou de grande culture, devaient, ce semble, exercer quelque empire sur eux-mêmes. Guichardin raconte qu'un jour Trivulce, gouverneur du Milanais pour le roi de France, tua de sa propre main dans le marché quelques bouchers, lesquels, « avec l'insolence ordinaire aux gens de cette « sorte, s'opposaient à la levée des droits dont ils « n'avaient pas été exemptés. » — Vous êtes habitués aujourd'hui à voir dans les artistes des gens du monde, citoyens tranquilles et fort capables de bien porter le soir l'habit noir et la cravate blanche. Dans les mémoires de Cellini, vous les trouverez aussi belliqueux, aussi prompts au meurtre que des soldats d'aventure. Un jour, les élèves de Raphaël prennent la résolution de tuer le Rosso, parce que le Rosso, fort méchante langue, avait dit du mal de Raphaël ; et le Rosso prend le parti prudent de quitter Rome : après de telles menaces, un voyage était urgent. La moindre raison suffit alors pour tuer un homme. Cellini raconte encore que Vasari avait coutume de porter les ongles très longs, et qu'un jour, couchant avec son apprenti Manno, « il lui écorcha « une jambe avec ses mains, croyant se gratter lui-« même, sur quoi Manno voulait absolument tuer « Vasari. » Le motif était léger. Mais, à ce moment, l'homme est si fougueux, si habitué aux coups, que le sang lui monte tout de suite aux yeux et qu'il fonce en avant. Un taureau frappe d'abord de ses cornes; il frappe d'abord de son poignard.

Aussi les spectacles que l'on a journellement à Rome ou dans les environs sont-ils atroces : les châtiments semblent ceux d'une monarchie d'Orient. Comptez, si vous pouvez, les meurtres de ce beau et spirituel César Borgia, fils du pape et duc de Valentinois, dont vous verrez le portrait à Rome dans la galerie Borghèse. C'est un homme de goût, grand politique, amateur de fêtes et de fine conversation; sa taille fine est serrée dans un pourpoint de velours noir; ses mains sont parfaites, il a le regard calme d'un grand seigneur. Mais il sait se faire respecter, et de ses propres mains, à l'épée, au poignard, il fait ses affaires.

« Le second dimanche, dit Burckhard, camérier du
« pape, un homme masqué, dans le Borgo, dit des
« paroles offensantes contre le duc de Valentinois. Le
« duc, l'ayant appris, le fit saisir; on lui coupa la main
« et la partie antérieure de la langue, qui fut attachée
« au petit doigt de la main coupée, » sans doute pour faire un exemple. Une autre fois, comme les Chauffeurs de 1799, « les gens du même duc suspendirent par les
« bras deux vieillards et huit vieilles femmes, après
« avoir allumé du feu sous leurs pieds pour leur faire
« avouer où était l'argent caché, et ceux-ci, ne le
« sachant pas ou ne voulant pas le dire, moururent
« dans ladite torture. »

Un autre jour, le duc fait amener dans la cour du palais des condamnés, « *gladiandi* », et lui-même, revêtu des plus beaux habits, devant une assistance nombreuse et choisie, il les perce à coups de flèche. « Il tua aussi, sous le manteau du pape, Perotto, qui « était favori du pape, en telle façon que le sang sauta « à la face du pape. » On s'égorgeait beaucoup dans cette famille. Il avait déjà fait assaillir à coups d'épée son beau-frère, et le pape faisait garder le blessé; « mais le duc dit : « Ce qui ne s'est pas fait à dîner se « fera à souper. » Et un jour, le 17 août, il entra dans « la chambre, comme le jeune homme se levait déjà, « fit sortir sa femme et sa sœur; puis, ayant appelé « trois assassins, il fit étrangler ledit jeune homme. » Outre cela, il tua son propre frère, le duc de Gandia, et fit jeter le corps dans le Tibre. Après diverses recherches, on découvrit un pêcheur qui était sur la rive au moment de l'attentat. Et, comme on lui demandait pourquoi il n'avait rien dit au gouverneur de la ville, il répondit « qu'il n'avait pas cru que ce fût la « peine; car, en sa vie, il avait vu jeter, en différentes « nuits, plus de cent corps au même endroit, sans que « personne en eût jamais pris souci ».

Sans doute les Borgia, cette famille privilégiée, semblent avoir un goût et un talent particuliers pour l'empoisonnement et l'assassinat; mais vous trouverez, dans les petits États italiens, quantité de personnages, princes et princesses, qui sont dignes d'avoir été leurs contemporains. Le prince de Faenza avait donné des sujets de jalousie à sa femme; elle cache sous son lit quatre assassins, les lance contre lui, quand il arrive pour se coucher; mais il se défend vigoureusement; elle s'élance hors du lit, prend un poignard attaché au chevet, et va elle-même tuer son mari par derrière. Elle est excommuniée pour ce fait, et son père prie Laurent de Médicis, qui a un grand crédit près du pape, d'intercéder pour qu'elle soit relevée des censures ecclésiastiques, alléguant entre autres motifs qu'il a « l'intention « de la pourvoir d'un autre mari ». — A Milan, le duc Galeazzo est assassiné par trois jeunes gens qui avaient l'habitude de lire Plutarque; l'un d'eux fut tué dans l'action et son cadavre livré aux pourceaux; les autres, avant d'être écartelés, déclarèrent qu'ils avaient fait le coup parce que « le duc, non seulement débauchait les « femmes, mais encore publiait leur déshonneur » et parce que « non seulement il tuait les hommes, mais « encore il les faisait mourir dans des supplices recher- « chés ». A Rome, le pape Léon X manqua d'être tué par ses cardinaux; son chirurgien, payé par eux, devait l'empoisonner en pansant sa fistule; le cardinal Pétrucci, principal instigateur, fut mis à mort. Si maintenant on considère la maison des Malatesta à Rimini, ou la maison d'Este à Ferrare, on y trouve des habitudes pareilles d'assassinat et d'empoisonnement héréditaires. — Si enfin vous regardez une cité qui paraît un peu mieux réglée, Florence, dont le chef, un Médicis, est un homme intelligent, libéral, honnête, vous y trouverez des coups de main aussi sauvages que

ceux dont vous venez d'écouter le récit. Par exemple,
les Pazzi, irrités de voir toute la puissance aux mains
des Médicis, se conjurèrent avec l'archevêque de Pise
pour assassiner les deux Médicis, Julien et Laurent; le
pape Sixte IV était complice. Ils choisirent le moment
de la messe à Santa Reparata, et le signal fut l'éléva-
tion de l'hostie. Un des conjurés, Bandini, poignarda
Julien de Médicis ; puis Francesco dei Pazzi s'acharna
sur le cadavre, si furieusement, qu'il se blessa lui-même
à la cuisse; il tua ensuite un ami de la maison de Médicis. Laurent fut blessé, mais il était brave; il eut le
temps de tirer son épée, de rouler son manteau autour
de son bras et de s'en faire un bouclier ; tous ses amis
se réunirent autour de lui, et le protégèrent de leurs
épées ou de leurs corps, si bien qu'il put faire retraite
dans la sacristie. Cependant les autres conjurés, l'archevêque en tête, au nombre de trente, avaient surpris
l'hôtel de ville pour prendre possession du gouvernement. Mais le gouverneur, à son entrée en charge, avait
eu soin de faire disposer les portes de telle façon qu'é-
tant refermées, elles ne pouvaient se rouvrir en dedans.
Les conjurés furent pris comme dans une souricière.
Le peuple s'armait de tous côtés et accourait. On saisit
l'archevêque, on le pendit dans ses habits pontificaux,
à côté de Francesco dei Pazzi, le premier instigateur de
la conjuration ; dans sa rage, le prélat, mourant et tout
pendu qu'il était, s'accrocha au corps de son complice
et lui mordit la chair à belles dents. « Environ vingt
« personnes de la famille des Pazzi furent en même

« temps taillées en pièces, ainsi que vingt autres de la
« maison de l'archevêque, et l'on pendit soixante per-
« sonnes aux fenêtres du palais. » Un peintre dont je
vous ai raconté l'histoire, Andrea de Castagno, autre
assassin, qui, dit-on, avait tué son ami pour lui voler
'invention de la peinture à l'huile, fut chargé de peindre
cette grande pendaison, d'où lui vint plus tard le nom
d'*Andrea des pendus*.

Je ne finirais pas si je voulais vous raconter les histoires du temps, qui sont pleines de traits semblables :
en voici pourtant une que je choisis encore, parce que
le personnage reviendra tout à l'heure en scène, et
parce que le narrateur est Machiavel : « Oliveretto de
« Fermo, étant resté petit et orphelin, fut élevé par un
« de ses oncles maternels nommé Giovanni Fogliani. »
Puis il apprit le métier des armes sous ses frères.
« Comme il avait de l'esprit naturel, et qu'il était dispos
« et fort de corps et de cœur, il devint en très peu de
« temps un des premiers hommes de sa troupe. Mais,
« jugeant que c'était chose vile que de demeurer con-
« fondu avec les autres, il résolut, avec l'aide de quel-
« ques citoyens de Fermo, de s'emparer de la cité, et
« il écrivit à son oncle qu'étant resté plusieurs années
« hors de sa patrie, il voulait venir le voir lui et la
« ville, et jeter un peu les yeux sur son patrimoine. Il
« ajoutait que, s'il avait pris tant de peine, c'était seu-
« lement pour acquérir de l'honneur, et, afin que ses
« concitoyens vissent bien qu'il n'avait pas dépensé son
« temps d'une façon vaine, il voulait venir, accompagné

« de cent cavaliers ses amis et ses serviteurs, le priant
« de vouloir bien donner ordre pour que les gens de
« Fermo le reçussent honorablement. ce qui ferait hon-
« neur, non seulement à lui, Oliveretto, mais encore à
« lui Giovanni, qui avait élevé Oliveretto tout enfant.
« Giovanni n'omit aucun des bons offices dont il était
« requis ; il le fit recevoir honorablement par les gens
« de Fermo, et le logea dans sa maison.... Oliveretto,
« ayant passé quelques jours à ordonner tout ce qui
« était nécessaire à son forfait, fit un festin très
« solennel où il invita Giovanni et tous les premiers
« citoyens de Fermo. Vers la fin..., ayant porté à
« dessein l'entretien sur des sujets graves, sur la
« grandeur du pape Alexandre et de son fils et sur
« leurs entreprises, il se leva tout d'un coup, disant
« qu'il fallait un endroit plus secret pour parler de
« semblables matières. Il alla dans une chambre où
« Giovanni et tous les autres le suivirent. A peine
« furent-ils assis que, des endroits secrets de cette
« chambre, sortirent des soldats qui tuèrent Giovanni
« et tous les autres. Après cet homicide, Oliveretto
« monta à cheval, parcourut la ville, assiégea le prin-
« cipal magistrat dans l'hôtel de ville, tellement que,
« par crainte, les habitants furent contraints de lui
« obéir et d'établir un gouvernement dont il se fit le
« chef. Il mit à mort tous ceux qui, étant mécontents,
« pouvaient lui nuire..., et, en une année, devint for-
« midable à tous ses voisins. »

Des entreprises de cette sorte sont fréquentes ; la vie

de César Borgia en est pleine, et la soumission de la
Romagne au Saint-Siège n'est qu'une suite de trahisons
et d'assassinats. — Tel est le véritable état féodal, celui
dans lequel chaque homme, livré à lui-même, attaque
autrui ou se défend lui-même, et va jusqu'au bout de
son ambition, de sa scélératesse ou de sa vengeance,
sans craindre l'intervention du gouvernement ni la
répression de la loi.

Mais ce qui met une différence énorme entre l'Italie
du xv⁰ siècle et l'Europe du moyen âge, c'est que les
Italiens étaient alors très cultivés. Vous avez vu tout à
l'heure les preuves multipliées de cette culture exquise.
Par un contraste extraordinaire, tandis que les façons
sont devenues élégantes et les goûts délicats, les caractères et les cœurs sont restés féroces. Ces gens sont
lettrés, connaisseurs, beaux diseurs, polis, hommes du
monde, en même temps hommes d'armes, assassins et
meurtriers. Ils font des actions de sauvages et des raisonnements de gens civilisés; ce sont des loups intelligents. — Maintenant, supposez qu'un loup raisonne sur
son espèce; il est probable qu'il fera le code du meurtre.
C'est ce qui arriva en Italie; les philosophes érigèrent
en théorie les pratiques dont ils étaient témoins, et
finirent par croire ou dire que, pour subsister ou réussir
dans ce monde, il faut agir en scélérat. Le plus profond
de ces théoriciens fut Machiavel, grand homme, honnête homme même, patriote, génie supérieur, qui écrivit
un livre, *le Prince*, pour justifier ou du moins pour
autoriser la trahison et l'assassinat. Ou plutôt il n'au-

torise ni ne justifie; il a dépassé l'indignation et laissé
de côté la conscience; il analyse et il explique, en
savant, en connaisseur d'hommes; il fournit des documents et les commente; il envoie aux magistrats
Florence des mémoires instructifs et positifs, écrit
d'un style tranquille comme le récit d'une belle opération chirurgicale. Il intitule son rapport :

*Description de la façon employée par le duc de Valen-
tinois pour tuer Vitellozo Vitelli, Oliveretto de Fermo,
le seigneur Pagolo et le duc Gravina Orsini.*

« Magnifiques seigneurs, puisque vos seigneuries n'ont
« pas reçu toutes mes lettres, dans lesquelles se trou-
« vait comprise une grande partie de l'affaire de Sini-
« gaglia, il m'a paru convenable de l'écrire en détail,
« et je crois que cela vous sera agréable en raison de
« la qualité de la chose, qui est de tout point rare et
« mémorable. »

Le duc avait été battu par ces seigneurs et se trouvait
faible contre eux. Il fit la paix, leur promit beaucoup,
leur donna quelque chose, prodigua toutes les belles
paroles, devint leur allié, et enfin se fit proposer par
eux une conférence pour une affaire commune. Ils
avaient des craintes et longtemps ils hésitèrent. Mais
ses protestations étaient tellement engageantes, il
maniait si bien leurs espérances et leurs cupidités, il se
faisait si doux et si loyal, qu'ils vinrent, à la vérité
avec des troupes, et se laissèrent conduire, sous le
semblant d'une hospitalité élégante, dans un palais que

le duc habitait à Sinigaglia. Ils entrent à cheval et le duc
les salue courtoisement; mais, « étant tous descendus
« de cheval au logement du duc, et entrés avec lui dans
« une chambre secrète, ils furent faits ses prisonniers.

« Aussitôt le duc monta à cheval et commanda de
« piller les gens d'Oliveretto et ceux d'Orsini. Mais les
« soldats du duc, non contents d'avoir pillé les gens
« d'Oliveretto, commencèrent à saccager Sinigaglia, et,
« si le duc n'avait pas réprimé leur insolence en tuant
« beaucoup d'entre eux, ils l'auraient saccagée tout
« entière. »

Les petits agissaient en bandits comme les grands ;
c'était le règne universel de la force.

« La nuit venue et le tumulte apaisé, il parút à
« propos au duc de faire tuer Vitellozo et Oliveretto, et
« les ayant fait conduire dans un lieu, il les fit étran-
« gler. Vitellozo priait pour qu'on suppliât le pape de
« lui donner l'absolution plénière de ses péchés. Olive-
« retto pleurait, rejetant sur Vitellozo tous les torts
« qu'on avait faits au duc. Pagolo et le duc de Gravina
« furent laissés vivants, jusqu'à ce que le duc apprît
« que le pape avait pris le cardinal Orsino, l'arche-
« vêque de Florence, et messire Jacopo de Santa Croce.
« A cette nouvelle, le 18 janvier, au château de la
« Pieve, ils furent aussi étranglés de la même façon. »

Ce n'est là qu'un récit; mais ailleurs Machiavel, non
content d'exposer les faits, tire les conséquences. Il
écrit un livre moitié vrai et moitié imaginaire, à
l'exemple du *Cyrus* de Xénophon, la *Vie* de Castruccio

Castracani, qu'il présente aux Italiens comme le modèle du prince accompli. Ce Castruccio Castracani, enfant trouvé, deux cents ans auparavant, s'était fait souverain de Lucques et de Pise, et était devenu assez puissant pour menacer Florence. Il avait fait « beaucoup d'actions « qui, par leur vertu et leur bonheur, peuvent être de « très grands exemples », et « il avait laissé de soi une « heureuse mémoire, ses amis l'ayant regretté plus « qu'on ne fit jamais pour aucun prince en aucun « temps ». Voici une des belles actions de ce héros si aimé et digne d'une admiration éternelle :

La famille des Poggio à Lucques s'étant révoltée contre lui, Stefano Poggio, « homme de grand âge et « pacifique », arrêta les mutins et leur promit son intervention. « Ils posèrent alors les armes aussi impru- « demment qu'ils les avaient prises. » Castruccio revint. « Stefano, croyant que Castruccio lui devait avoir obli- « gation, l'alla trouver et ne le pria pas pour son « propre compte, jugeant qu'il n'en avait pas besoin, « mais pour les autres de sa maison, le priant de par- « donner beaucoup à la jeunesse, beaucoup à l'antique « amitié et aux obligations que lui, Castruccio, avait à « leur maison. A quoi Castruccio répondit de bonne « grâce et lui dit d'avoir bonne espérance, témoignant « qu'il avait plus de joie à trouver le tumulte arrêté « qu'il n'avait eu de ressentiment à le savoir soulevé. « Il encouragea Stefano à les faire venir tous, lui disant « qu'il rendait grâces à Dieu d'avoir occasion de mon- « trer sa clémence et sa générosité. Ils vinrent donc

« tous, sur la foi de Stefano et de Castruccio, et ils
« furent tous ensemble, avec Stefano, faits prisonniers
« et mis à mort. »

L'autre héros de Machiavel est ce César Borgia, le
plus grand assassin et le plus parfait traître du siècle,
homme accompli en son genre, qui considéra toujours
la paix comme les Hurons et les Iroquois considéraient
la guerre, c'est-à-dire comme un état dans lequel la
dissimulation, la feinte, la perfidie, le guet-apens, sont
un droit, un devoir et un exploit. Il les pratiquait sur
tout le monde, même sur sa famille, même sur ses fidèles.
Un jour, voulant faire taire les bruits de cruauté qui
couraient sur son compte, il fit prendre son gouverneur
de Romagne, Remiro d'Orco, qui lui avait rendu de
grands services, et à qui il devait la tranquillité de tout
le pays. Et, le lendemain, les citoyens virent, avec contentement et avec terreur, Remiro d'Orco sur la place
publique, en deux morceaux, avec un couteau sanglant
à côté de lui. Le duc fit dire qu'il l'avait puni de ses
sévérités trop grandes, et se fit une réputation de bon
seigneur, protecteur du peuple et justicier. Aussi
Machiavel conclut de la manière suivante :

« Chacun sait combien il est louable à un prince de
« garder sa parole et de vivre avec intégrité, non avec
« astuce. Néanmoins, on voit par expérience dans notre
« temps que ceux-là, parmi les princes, ont fait de
« grandes choses qui ont peu tenu compte de leur foi
« et ont su par astuce faire tourner les cervelles des
« hommes et à la fin ont détruit ceux qui se fondaient

« sur leur loyauté.… Un seigneur prudent ne peut pas
« ou ne doit pas garder sa parole, quand cela lui est
« nuisible et que les motifs qui lui faisaient promettre
« ont disparu. Du reste, jamais un prince n'a manqué
« de raisons légitimes pour colorer son manque de
« parole. Mais il est nécessaire de les bien colorer et
« d'être grand fourbe et dissimulateur. Et les hommes
« sont si simples et obéissent si fort à la nécessité pré-
« sente, que celui qui trompe trouve toujours quelqu'un
« qui se laisse tromper. »

Il est clair que de pareilles mœurs et de pareilles maximes ont de grandes conséquences sur les caractères. — D'abord, ce manque absolu de justice et de police, cette licence des attentats et des assassinats, cette obligation de se venger sans pitié et d'être craint pour subsister, cet appel incessant à la force trempe les âmes ; l'homme prend l'habitude des résolutions extrêmes et soudaines ; il est tenu de savoir tuer ou faire tuer à l'instant.

De plus, comme il vit dans un danger continu et extrême, il est rempli de grandes anxiétés et de passions tragiques ; il ne s'amuse pas à démêler finement les nuances de ses sentiments ; il n'est pas curieusement et tranquillement critique. Les émotions qui le remplissent sont grandes et simples. Ce n'est point un détail de sa considération ou une portion de sa fortune qui est en jeu ; c'est toute sa vie et celle des siens. Du plus haut, il peut tomber au plus bas, et, comme Remiro, Poggio, Gravina, Oliveretto, se réveiller sous le couteau ou le lacet d'un exécuteur. La vie est orageuse et la volonté tendue. Les âmes sont plus fortes et ont tout leur jeu.

Je voudrais rassembler tous ces traits, et vous montrer, non plus une abstraction, mais un personnage agissant. Il en est un dont nous avons les mémoires, écrits de sa main, d'un style fort simple, d'autant plus instructifs, et qui, mieux qu'un traité, mettront sous vos yeux les façons de sentir, de penser et de vivre des contemporains. Benvenuto Cellini peut être considéré comme un abrégé, en haut relief, des passions violentes, des vies hasardeuses, des génies spontanés et puissants, des riches et dangereuses facultés qui ont fait la Renaissance en Italie et qui, en ravageant la société, ont produit les arts.

Ce qui frappe d'abord en lui, c'est la puissance du ressort intérieur, le caractère énergique et courageux, la vigoureuse initiative, l'habitude des résolutions soudaines et des partis extrêmes, la grande capacité d'agir et de souffrir ; bref, la force indomptable du tempérament intact. Tel était le superbe animal, tout militant et tout résistant, que les rudes mœurs du moyen âge avaient nourri, et que l'ancienneté de la paix et de la police ont amolli chez nous. — Benvenuto avait seize ans, et son frère Giovanni quatorze. Un jour Giovanni, ayant été insulté par un autre jeune homme, le provoqua en duel. Ils se rendirent à la porte de la ville, et se battirent à l'épée. Giovanni désarma son ennemi, le blessa et continuait, lorsque les parents du blessé arri-

vèrent et le chargèrent à coups d'épée et à coups de
pierres, si bien que le pauvre enfant fut blessé et
tomba. Cellini survint, ramassa l'épée, et fondit sur les
assaillants, évitant les pierres comme il pouvait, et ne
quittant pas son frère d'une semelle ; il allait se faire
tuer, lorsque quelques soldats qui passaient, pleins
d'admiration pour son courage, se mirent de la partie
et aidèrent à sa délivrance. Alors il prit son frère sur
ses épaules et le transporta à la maison paternelle. —
Vous trouveriez de lui cent traits d'énergie semblables.
S'il n'a pas été tué vingt fois, c'est miracle ; il a toujours l'épée, ou l'arquebuse, ou le poignard à la main,
dans les rues, sur les routes, contre des ennemis personnels, des soldats débandés, des brigands, des rivaux
de toute sorte ; il se défend et le plus souvent il
attaque. Le plus étonnant de ces traits, c'est son éva-
sion du château Saint-Ange ; on l'y avait enfermé après
un meurtre. Il descendit de cette hauteur énorme au
moyen de cordes qu'il avait faites avec les draps de son
lit, rencontra une sentinelle que son air de résolution
terrible effraya et qui feignit de ne l'avoir point vu,
franchit, au moyen d'une poutre, la seconde enceinte,
attacha sa dernière corde et se laissa glisser. Mais cette
corde était trop courte ; il tomba et se cassa la jambe
au-dessous du genou ; alors il se banda la jambe, et se
traîna, perdant son sang, jusqu'à la porte de la ville ;
elle était fermée ; il se glissa dessous, après avoir
creusé la terre avec son poignard ; des chiens l'assail-
lirent, il en éventra un, et, rencontrant un portefaix, il

se fit conduire chez un ambassadeur, qui était son ami. Il se croyait sauvé et avait la parole du pape ; mais, tout d'un coup, il fut repris et mis dans un cachot infect, où la lumière n'arrivait que deux heures par jour. Le bourreau vint et, touché de pitié, l'épargna ce jour-là. Dès lors, on se contenta de le retenir captif ; l'eau suintait, sa paille pourrissait, ses blessures ne se fermaient point. Il passa ainsi plusieurs mois ; la force de sa constitution résista jusqu'à la fin. Un corps et une âme ainsi bâtis semblent de porphyre et de granit, tandis que les nôtres sont de craie et de plâtras.

Mais la richesse du naturel est aussi grande en lui que la force de la structure. Rien de plus flexible et de plus abondant que ces âmes neuves et saines. Il trouvait exemple dans sa famille. Son père était architecte, bon dessinateur, musicien passionné, jouant de la viole et chantant seul pour son plaisir ; il fabriquait des orgues de bois excellentes, des clavecins, des violes, des luths, des harpes ; il travaillait bien l'ivoire, il était très habile dans la construction des machines, jouait de la flûte parmi les fifres de la seigneurie, savait un peu de latin et faisait des vers. Les hommes de ce temps sont universels. Sans compter Léonard de Vinci, Pic de la Mirandole, Laurent de Médicis, Léo Batista Alberti et les génies supérieurs, on voit des gens d'affaires et de négoce, des moines, des artisans, s'élever alors, par leurs goûts et leurs habitudes, au niveau des occupations et des plaisirs qui semblent aujourd'hui

l'apanage propre des hommes les plus cultivés et des
naturels les plus délicats. Cellini était de ce nombre. Il
était devenu excellent joueur de flûte et de cornet
malgré lui, ayant horreur de ces exercices et ne s'y
appliquant que pour contenter son père. Outre cela, de
très bonne heure, il fut excellent dessinateur, orfèvre,
nielleur, émailleur, statuaire et fondeur. En même
temps, il se trouva ingénieur et armurier, constructeur
de machines, de fortifications, chargeant, maniant et
pointant les pièces mieux que les hommes du métier.
Au siège de Rome par le connétable de Bourbon, il fit,
avec ses bombardes, de grands ravages dans l'armée
assiégeante. Excellent tireur d'arquebuse, il tua de sa
main le connétable ; il fabriquait lui-même ses armes
et sa poudre et il atteignait à balle un oiseau à deux
cents pas. Son génie était si inventif, qu'en tout art et
en toute industrie il découvrait des procédés particuliers dont il faisait secret et qui excitaient « l'admi-
« ration de tout le monde ». C'est l'âge de la grande
invention ; tout y est spontané, rien ne s'y fait de routine, et les esprits sont si féconds qu'ils ne peuvent
toucher une chose sans la féconder.

Quand le naturel est si fort, si richement doué, si
producteur, quand les facultés jouent avec tant d'élan
et de justesse, quand l'activité est si continue et si
grandiose, le ton ordinaire de l'âme est une surabondance de joie, une verve et une gaieté puissantes. On
voit Cellini, par exemple, après des aventures tragiques
et terribles, se mettre en voyage ; pendant tout le

temps de la route, dit-il, « je ne fis que chanter et
« rire ». Ce prompt redressement de l'âme est fréquent en Italie, surtout en cet âge où les âmes sont
encore simples. « Ma sœur Liperata, dit-il, après
« avoir un peu pleuré avec moi son père, sa sœur, son
« mari et un petit enfant qu'elle avait perdus, songea à
« préparer le souper. De toute la soirée, on ne parla
« plus de mort, mais de mille choses gaies et folles ;
« aussi notre repas fut-il des plus agréables. » Les
coups de main, les assauts de boutiques, les dangers
d'assassinat et d'empoisonnement, au milieu desquels il
vit à Rome, sont entremêlés, à chaque instant, de soupers, de mascarades, d'inventions comiques, d'amours
tellement francs, tellement crus, si exempts de toute
douceur et de tout secret, qu'ils ressemblent aux
grandes nudités vénitiennes et florentines des tableaux
contemporains. Vous les lirez dans le texte ; ce sont des
choses trop nues pour être montrées en public ; mais
elles ne sont que nues ; la basse gaudriole ou l'obscé-
nité raffinée ne les gâtent point ; l'homme va au grand
rire et au libre plaisir, comme l'eau coule sur sa pente ;
la santé de l'âme et des sens intacts et jeunes, la fougue
animale exubérante, éclatent dans sa volupté comme
dans ses œuvres et dans son action.

Une pareille structure morale et physique aboutit
naturellement à la vive imagination que tout à l'heure
je vous décrivais. L'homme ainsi fait n'aperçoit pas les
objets par fragments et au moyen de mots comme nous
le faisons, mais par blocs et au moyen d'images. Ses

idées ne sont pas désarticulées, classées, fixées en formules abstraites comme les nôtres; elles jaillissent
entières, colorées et vivantes. Nous raisonnons et il *voit.*
— C'est pourquoi il est souvent visionnaire. Ces têtes
si pleines et peuplées d'images pittoresques sont toujours
en ébullition et en tempête. Benvenuto a des croyances
d'enfant; il est superstitieux comme un homme du
peuple. Un certain Pierino, qui le vilipendait, lui et sa
famille, s'écria dans un transport de colère : « Si ce que
« je dis là n'est pas vrai, que ma maison tombe sur
« moi ! » Quelque temps après, en effet, sa maison
s'écroula, et il eut la jambe cassée. Benvenuto ne manque
pas de considérer cet événement comme une œuvre de
la Providence, qui a voulu punir le mensonge de Pierino.
Il raconte très sérieusement qu'étant à Rome il fit la
connaissance d'un magicien qui, l'ayant conduit une nuit
au Colisée, jeta une certaine poudre sur des charbons et
dit des paroles magiques; aussitôt toute l'enceinte parut
peuplée de diables. Ce jour-là, évidemment, il eut une
hallucination. — En prison, sa tête fermente; s'il ne
succombe pas à ses blessures et à l'infection de l'air,
c'est qu'il s'est tourné du côté de Dieu. Il a de longues
conversations avec son ange gardien; il souhaite revoir
le soleil, soit en songe, soit effectivement, et il se trouve
un jour transporté en face d'un soleil magnifique, d'où
sortent le Christ et ensuite la Vierge, qui lui font des
signes de miséricorde, et il voit le ciel avec toute la cour de
Dieu. — Ce sont là des imaginations fréquentes en Italie.
Après une vie débauchée et violente, souvent même au

plus fort de ses vices, l'homme se métamorphose tout
d'un coup. « Le duc de Ferrare, ayant été atteint d'une
« grave maladie qui l'empêcha d'uriner pendant qua-
« rante-huit heures, eut recours à Dieu et voulut qu'on
« payât tous les appointements échus. » Hercule d'Este,
au sortir d'une orgie, allait chanter l'office avec sa
troupe de musiciens français; il faisait crever un œil ou
couper la main à deux cent quatre-vingts prisonniers
avant de les vendre, et, le jeudi saint, allait laver les
pieds aux pauvres. Pareillement, le pape Alexandre, en
apprenant l'assassinat de son fils, se frappait la poitrine
et confessait ses crimes devant les cardinaux assemblés.
L'imagination, au lieu de travailler du côté du plaisir,
travaille alors du côté de la crainte, et, par un mécanisme semblable, leur esprit se frappe d'images religieuses aussi vives que les images sensuelles dont ils
étaient assaillis.

De cette fougue et de cette fièvre de l'intelligence, de
ce frémissement intérieur par lequel les images absor-
bantes et aveuglantes secouent toute l'âme et toute la
machine corporelle, naît un genre d'action propre aux
hommes de ce temps. C'est l'action impétueuse, irré-
sistible, qui va droit et subitement à ce qu'il y a de plus
extrême, c'est-à dire au combat, au meurtre et au sang.
Il y a cent exemples, dans la vie de Benvenuto, de ces
orages et de ces coups de foudre. Il s'était pris de dispute avec deux orfèvres rivaux, qui commencèrent à le
décrier :

« Mais, comme je ne sais pas de quelle couleur est la

« peur[1], je m'inquiétais peu de leurs menaces... Pen-
« dant que je parlais, un de leurs cousins, nommé
« Gherardo Guasconti, à leur instigation peut-être,
« saisit le moment où passait près de nous un âne
« chargé de briques, et il le poussa sur moi avec tant
« de force qu'il me fit beaucoup de mal. Je me retour-
« nai à l'instant, et, voyant qu'il riait, je lui lançai un
« si rude coup de poing sur la tempe, qu'il perdit con-
« naissance et tomba comme mort. — « Voilà, criai-je
« à ses cousins, comme on traite les lâches gredins de
« votre espèce ! » — Puis, comme ils faisaient mine de
« vouloir se jeter sur moi, car ils étaient nombreux, la
« colère m'emporta, je tirai un petit couteau et je leur
« dis : « Si l'un de vous sort de la boutique, qu'un
« autre coure chercher un confesseur, car le médecin
« n'aura que faire ici. » — Ces paroles leur causèrent
« une telle épouvante, qu'aucun d'eux n'osa bouger
« pour secourir le cousin. »

Là-dessus, il est appelé devant le tribunal des Huit,
magistrats chargés de la justice à Florence, et il est
condamné à une amende de quatre mesures de farine.

« Indigné, frémissant de rage, je devins comme un
« aspic, et j'adoptai un parti désespéré... J'attendis que
« les Huit fussent allés dîner; alors, étant resté seul et
« voyant qu'aucun sbire ne m'observait, je sortis du
« palais et courus à ma boutique, où je m'armai d'un poi-
« gnard. Puis je volai jusqu'à la maison de mes adver-

1. Traduction Leclanché.

« saires. Je les trouvai à table. Le jeune Gherardo, pre-
« mière cause de la querelle, se précipita aussitôt sur
« moi. Je lui portai à la poitrine un coup de poignard
« qui traversa de part en part son pourpoint, son collet et
« sa chemise, mais sans lui effleurer la peau et sans lui
« causer le moindre mal. A la facilité avec laquelle
« mon arme pénétra et au craquement des habits dé-
« chirés par le fer, je crus avoir blessé grièvement mon
« ennemi, qui, de terreur, tomba à terre. « Traîtres !
« m'écriai-je, voici le jour où je vais tous vous tuer. »
« Le père, la mère et les sœurs, pensant que l'heure
« du jugement dernier avait sonné, se jetèrent à genoux
« en implorant miséricorde. Voyant qu'ils n'osaient se
« défendre et que Gherardo gisait sur le sol comme un
« cadavre, je jugeai honteux de les toucher, mais, tou-
« jours furieux, je sautai au bas de l'escalier. Dans la
« rue, je trouvai le reste de la famille, qui se compo-
« sait d'une douzaine d'individus au moins. L'un avait
« une pelle de fer, l'autre un gros tuyau du même
« métal, ceux-là des marteaux ou des enclumes, ceux-
« ci des bâtons. Je me lançai au milieu d'eux comme
« un taureau, et du choc j'en culbutai quatre ou cinq;
« je les suivis dans leur chute, continuant à jouer du
« poignard à droite et à gauche. »

Toujours, chez lui, le geste et le coup suivent à l'instant la pensée, comme l'explosion suit l'étincelle. Le
tumulte intérieur trop fort exclut la réflexion, la crainte,
le sentiment du juste, toute cette intervention de calculs et de raisonnements qui, dans une tête civilisée ou

dans un tempérament flegmatique, mettent un intervalle et comme une bourre mollasse entre la première colère et la résolution finale. Dans une auberge, l'hôte, inquiet et sans doute ayant raison de l'être, voulut être payé avant de lui fournir les choses nécessaires : « Je « ne pus fermer l'œil un seul instant, dit-il, je passai « la nuit à chercher un moyen de me venger. Je pensai « d'abord à mettre le feu à la maison, puis à égorger « les bons chevaux que l'hôtelier avait mis dans son « écurie. Tout cela me semblait facile à exécuter, « mais je ne voyais pas qu'il fût aussi aisé de nous « sauver, moi et mon camarade. » Il se contente de hacher et de déchirer quatre lits avec un couteau. — Un autre jour, comme il était à Florence en train de fondre son *Persée*, la fièvre lui vint, l'excès de la chaleur et la longueur des veilles qu'il avait passées en surveillant la fonte l'avaient tellement épuisé qu'on le croyait à l'agonie. Un domestique accourt et crie que la fonte ne réussit pas. « Je poussai un si terrible cri « qu'on l'aurait entendu du septième ciel. Je me jetai « à bas du lit, je pris mes habits et commençai à me « vêtir en distribuant une grêle de coups de pied et de « coups de poing à mes servantes, à mes garçons et à « tous ceux qui venaient pour m'aider. » — Une autre fois, il était malade, et le médecin avait défendu de lui donner à boire; la servante, par pitié, lui donna de l'eau. « On me raconta plus tard qu'à cette nouvelle « mon pauvre Félice faillit tomber à la renverse. Il prit « ensuite un bâton et se mit à rosser vertement la ser-

«vante en s'écriant : « Ah ! traîtresse, tu l'as tué ! »
Les domestiques étaient aussi prompts aux coups que
les maîtres, et non seulement aux coups de bâton mais
aux coups d'épée. Comme Benvenuto était en prison au
château Saint-Ange, son élève, Ascanio, rencontra un
certain Michele, qui se moqua de lui et dit que Benvenuto était sans doute mort. « Il est vivant, lui riposta
« Ascanio, mais toi, tu vas mourir ! » Et sur-le-champ,
« il lui asséna deux coups de sabre sur la tête. Le
« premier l'étendit à terre, le second, en glissant, lui
« coupa trois doigts de la main droite. » Il y a une
infinité de traits semblables. Benvenuto blesse où tue
son élève Luigi, la courtisane Pentesilea, son ennemi
Pompeio, des aubergistes, des seigneurs, des brigands,
en France, en Italie, partout. Prenons une de ces histoires, et considérons avec soin les petites circonstances du récit, qui peignent les sentiments.

On apprend que Bertino Aldobrandi, élève de Benvenuto, vient d'être tué.

« Mon pauvre frère jeta alors un si grand cri de rage
« qu'on aurait pu l'entendre à dix milles de là. Puis il
« dit à Giovanni : « Au moins saurais-tu m'indiquer
« celui qui l'a tué ? » — Giovanni répondit que oui et
« que c'était un de ceux qui étaient armés d'un espadon,
« et qu'il avait une plume bleue sur sa barrette.
« Mon pauvre frère s'étant avancé et ayant reconnu le
« meurtrier à ce signalement, se lança au milieu du
« guet avec sa promptitude et son intrépidité merveil-
« leuses, et, sans qu'on pût l'arrêter, il allongea une

« botte dans le ventre de son homme, le traversa de
« part en part et le poussa à terre avec la garde de
« son épée. Il attaqua ensuite le reste du guet avec
« tant d'audace, qu'à lui seul il l'aurait mis en fuite, si
« un arquebusier, pour se défendre, n'eût, en déchar-
« geant son arme, atteint au-dessus du genou droit le
« brave et malheureux jeune homme. Il tomba, et le
« guet opéra une retraite précipitée, dans la crainte
« qu'un deuxième champion aussi formidable ne sur-
« vînt. »

On rapporte le pauvre jeune homme à la maison de
Cellini : l'opération qu'on lui fait ne réussit pas ; les
chirurgiens étaient ignorants à cette époque, et il meurt
de sa blessure. Là-dessus, la rage prend Cellini, les
idées tourbillonnent dans sa tête.

« Mon seul délassement était *de lorgner, comme une*
« *maîtresse*, l'arquebusier qui avait tué mon frère....
« M'étant aperçu que la passion de le voir si souvent
« m'ôtait le sommeil et l'appétit, et me menait dans un
« mauvais chemin, je me disposai à sortir de ce tour-
« ment, sans tenir compte de ce qu'une pareille entre-
« prise avait de peu louable.

« Je m'approchai adroitement de lui avec un grand
« poignard semblable à un couteau de chasse. J'espé-
« rais du revers lui abattre la tête, mais il se retourna
« si vivement que mon arme l'atteignit seulement à
« l'épaule gauche et lui fractura l'os. Il se leva, laissa
« tomber son épée, et, troublé par la douleur, se mit à
« courir. Je le poursuivis, le rejoignis en quatre pas,

« et levai mon poignard au-dessus de sa tête qu'il
« inclinait très bas, de sorte que mon arme s'engagea
« entre l'os du cou et la nuque, si profondément que,
« malgré tous mes efforts, je ne pus la retirer. »

Là-dessus, on se plaint de lui au pape ; mais il a soin
de faire quelques belles pièces d'orfèvrerie avant d'aller
au palais. « Quand je parus devant le pape, il me lança
« un regard menaçant qui me fit trembler ; mais, dès
« qu'il eut vu mon ouvrage, sa figure commença à se
« rasséréner. » Une autre fois, et après un autre
meurtre bien moins excusable, le pape répond aux amis
de l'homme tué par Cellini : « Apprenez que des
« hommes uniques dans leur art comme Cellini ne doi-
« vent pas être soumis aux lois, et lui moins que tout
« autre, car je sais combien il a raison. » — Cela vous
montre à quel point l'habitude du meurtre était alors
enracinée en Italie. Le souverain de l'État, le vicaire de
Dieu, trouve naturel qu'on se fasse justice soi-même, et
couvre le meurtrier de son indifférence ou de son
indulgence, de sa partialité ou de son pardon.

De cet état des mœurs et des esprits naissent plusieurs
conséquences pour la peinture. D'abord les hommes de
ce temps sont obligés de s'intéresser à une chose que
nous ne connaissons plus, parce que nous ne la voyons
plus ou que nous n'y faisons plus attention, à savoir le
corps, les muscles et les différentes attitudes que présente la personne humaine en mouvement. Car alors un
homme, si grand qu'il soit, est tenu d'être un homme
d'armes, de savoir manier l'épée et le poignard pour sa

défense; partant, sans y songer, il imprime dans sa mémoire toutes les formes et toutes les attitudes du corps agissant ou combattant. Le comte Balthazar de Castiglione, en faisant la description de la société polie, énumère les exercices dans lesquels un homme bien élevé doit être expert. Vous allez voir que les gentils-hommes de ce temps ont l'éducation, et, partant, les idées, non seulement d'un maître d'armes, mais encore d'un toréador, d'un gymnaste, d'un écuyer et d'un paladin :

« Je veux que notre homme de cour soit un parfait
« cavalier à toutes selles ; et, comme c'est un mérite
« particulier des Italiens de bien gouverner le cheval à
« la bride, de manœuvrer par principes surtout les
« chevaux difficiles, de courir des lances, de jouter,
« qu'il soit en cela un des meilleurs parmi les Italiens.
« Pour les tournois, les pas d'armes, les courses
« entre barrières, qu'il soit un des bons parmi les
« meilleurs Français.... Pour jouer aux bâtons, courir
« le taureau, lancer des dards et des lances, qu'il soit
« excellent parmi les Espagnols.... Il convient encore
« qu'il sache sauter et courir. Un autre exercice noble
« est le jeu de paume, et je n'estime pas à moindre
« mérite de savoir faire la voltige à cheval. »

Ce ne sont pas là de simples préceptes relégués dans la conversation ou dans les livres; on les pratiquait; les mœurs des plus grands personnages y étaient conformes. Julien de Médicis, qui fut assassiné par les Pazzi, est loué par son biographe, non seulement pour son talent de poète et son tact de connaisseur, mais encore pour son habileté à manier le cheval, à lutter et à jeter la lance. César Borgia, ce grand assassin et ce grand politique, avait les mains aussi vigoureuses que l'intelligence et la volonté. Son portrait montre un élégant, et son histoire un diplomate ; mais sa biographie intime montre aussi un matamore, comme on en voit dans cette Espagne d'où sa famille venait. « Il a vingt-« sept ans, dit un contemporain, il est très beau de « corps, et le pape son père a grand'peur de lui. Il a « tué six taureaux sauvages en combattant à cheval « avec la pique, et à l'un de ces taureaux il a fendu la « tête d'un seul coup. »

Considérez des hommes ainsi élevés, ayant l'expérience et le goût de tous les exercices du corps ; ils sont tout préparés pour comprendre la représentation du corps, c'est-à-dire la peinture et la sculpture ; un torse cambré, une cuisse ployée, un bras qui se lève, la saillie d'un tendon, tous les gestes et toutes les formes du corps humain, éveillent en eux des images intérieures et préalables. Ils peuvent s'intéresser aux membres, et se trouvent connaisseurs par instinct, sans s'en douter.

D'autre part, le manque de justice et de police, la vie militante, la présence continuelle de l'extrême danger, remplissent l'âme de passions énergiques, simples et grandes. Elle est donc disposée à goûter dans les attitudes et dans les figures l'énergie, la simplicité et la grandeur ; car le goût a pour source la sympathie, et, pour qu'un objet expressif nous agrée, il faut que son expression soit conforme à notre état moral.

En dernier lieu et pour les mêmes raisons, la sensibilité est plus vive; car elle est refoulée en dedans par l'horrible pression de toutes les menaces qui entourent la vie humaine. Plus un homme a pâti, craint ou peiné, plus il est content de s'épanouir. Plus son âme a été obsédée d'anxiétés violentes ou de méditations sombres, plus il éprouve de plaisir devant la beauté harmonieuse et noble. Plus il s'est tendu ou bridé pour faire effort ou dissimuler, plus il jouit, quand il peut s'ouvrir ou se détendre. Une calme et florissante madone dans son alcôve, un vaillant corps de jeune homme sur son dressoir, occupent ses yeux plus délicieusement, au sortir de préoccupations tragiques et de songes funèbres. La conversation aisée, abandonnée, multiple, incessamment renouvelée et variée, n'est pas là pour l'épancher; dans le silence où il se renferme, il cause intérieurement avec les couleurs et les formes; et le sérieux ordinaire de sa vie, la multitude de ses dangers, la difficulté de ses épanchements ne font qu'aviver et affiner les impressions qu'il reçoit des arts.

Tâchons de rassembler ces divers traits de caractère, et considérons, d'un côté, un homme de notre temps, riche et bien élevé, de l'autre, un grand seigneur de l'an 1500, tous les deux choisis dans la classe où vous cherchez des juges. — Notre contemporain se lève à huit heures du matin, endosse sa robe de chambre, prend son chocolat, va dans sa bibliothèque, remue quelques cartons de paperasses, s'il est homme d'affaires, ou feuillette quelques livres nouveaux, s'il est homme du monde ; après quoi, l'esprit rassis, sans inquiétude, ayant fait quelques tours sur un tapis moelleux et déjeuné dans un joli appartement chauffé de calorifères, il va se promener sur le boulevard, fume son cigare, entre au cercle pour lire les journaux, cause littérature, cotes de la Bourse, politique ou chemins de fer. Quand il rentre chez lui, fût-ce à pied et à une heure du matin, il sait très bien que le boulevard est garni de sergents de ville, et que nul accident ne lui arrivera. Il a l'âme tranquille et se couche en pensant que demain il recommencera. Voilà la vie aujourd'hui. Cet homme, qu'a-t-il vu en fait de corps ? Il est allé aux bains froids, il a contemplé ce marécage grotesque dans lequel barbotent toutes les difformités humaines ; peut-être, s'il est curieux, il a, trois ou quatre fois dans sa vie, regardé des athlètes de foire : et ce qu'il a vu de plus net en fait de nu, ce sont les maillots de l'Opéra. En fait de grandes passions, à quelles épreuves a-t-il été soumis ? Peut-être à des piques de vanité ou à des inquiétudes d'argent ; il a fait une mauvaise spéculation de Bourse, il n'a pas obtenu une place qu'il espérait, ses amis ont dit dans le monde qu'il manque d'esprit ; sa femme dépense trop, son fils fait des sottises. Mais les grandes passions qui mettent en jeu sa vie et la vie des siens, qui peuvent mettre sa tête sur un billot ou dans un garrot, qui peuvent le précipiter dans un cachot, le conduire à la torture et au supplice, il ne les connaît pas. Il est trop tranquille,

trop protégé, trop dispersé en petites sensations fines
et agréables; sauf la chance si rare d'un duel accompagné de cérémonies et de politesses, il ignore l'état
intérieur d'un homme qui va tuer ou être tué. —
Considérez au contraire un de ces grands seigneurs dont
je vous parlais tout à l'heure, Oliveretto de Fermo,
Alfonse d'Este, César Borgia, Laurent de Médicis, leurs
gentilshommes, tous ceux qui sont à la tête des affaires.
Pouur n noble ou cavalier de la Renaissance, le premier
soin, c'est de se mettre nu le matin, avec son maître
d'armes, un poignard dans une main, une épée de l'autre;
on le voit ainsi représenté dans les estampes. A quoi
occupera-t-il sa vie, et quel est son principal plaisir? Ce
sont les cavalcades, les mascarades, les entrées de villes,
les pompes mythologiques, les tournois, les réceptions
de souverains, où il figure à cheval, magnifiquement
vêtu, étalant ses dentelles, son justaucorps de velours,
ses broderies d'or, fier de sa belle prestance et de la
vigoureuse attitude par laquelle, avec ses compagnons, il
relève la dignité de son prince. Quand il sort dans la
journée, il a le plus souvent sous son pourpoint une
cotte de mailles complète; il faut bien qu'il se mette à
l'abri des coups de poignard et des coups d'épée qui
peuvent l'atteindre au coin d'une rue. Même dans son
palais, il n'est pas tranquille; les encoignures de pierre,
les fenêtres grillées d'épais barreaux, la solidité militaire de toute la structure, indiquent qu'une maison,
comme une cuirasse, doit défendre son maître contre
les coups de main. Un pareil homme, lorsqu'il est bien

verrouillé chez lui et qu'il se trouve en face d'une belle
figure de courtisane ou de vierge, devant un Hercule ou
un Père éternel grandement drapé ou vigoureusement
musclé, est plus capable qu'un moderne de comprendre
leur beauté et leur perfection corporelle. Il sentira, sans
éducation d'atelier, par une sympathie involontaire, les
nudités héroïques et les musculatures terribles de
Michel-Ange, la santé, la placidité, le regard simple
d'une madone de Raphaël, la vitalité hardie et naturelle
d'un bronze de Donatello, l'attitude contournée, étrange-
ment séduisante, d'une figure de Vinci, la superbe
volupté animale, le mouvement impétueux, la force et
la joie athlétique des personnages de Tintoret et de
Titien.

CHAPITRE VI

Un état d'esprit pittoresque, c'est-à-dire situé entre les pures idées et les pures images, des caractères énergiques et des mœurs violentes, propres à donner la connaissance et le goût des belles formes corporelles, voilà les circonstances temporaires qui, jointes à l'aptitude innée de la race, ont produit en Italie la grande et parfaite peinture du corps humain. Nous n'avons maintenant qu'à descendre dans les rues ou à entrer dans les ateliers; nous la verrons naître d'elle-même. Elle n'est pas, comme chez nous, une œuvre d'école, une occupation de critiques, un passe-temps de curieux, une manie d'amateurs, une plante artificielle cultivée à grands frais, étiolée malgré le terreau dont on l'entoure, étrangère et péniblement conservée sur un sol et dans un air qui sont faits pour porter des sciences, des littératures, des manufactures, des gendarmes et des habits noirs. Elle est une portion dans un ensemble. Les cités, qui couvrent leurs hôtels de ville et leurs églises de ses figures peintes, mettent autour d'elle cent tableaux vivants plus passagers, mais plus pompeux; elle ne fait que les résu-

mer. Les hommes alors sont amateurs de peinture,
non pendant une heure pour un moment isolé de leur
vie, mais dans leur vie entière, dans leurs cérémonies
religieuses, dans leurs fêtes nationales, dans leurs
réceptions publiques, dans leurs affaires et dans leurs
plaisirs.

Voyons-les à l'œuvre ; ici nous ne sommes embar-
rassés que pour choisir : les corporations, les cités, les
princes, les prélats, mettent leur gloire et leur amusement dans les parades et les cavalcades pittoresques.
J'en prends une entre vingt ; jugez vous-mêmes de l'aspect des rues et des places qui s'emplissaient de pareilles
pompes plusieurs fois par an.

« Laurent de Médicis voulut que la compagnie du
« Broncone, dont il était chef, surpassât en magnifi-
« cence celle du Diamant. Il eut recours à Jacopo Nardi,
« noble et savant gentilhomme florentin, qui lui organisa
« six chars.

« Le premier char, traîné par deux bœufs couverts
« de feuillages, représentait l'âge de Saturne et de
« Janus. Au sommet du char étaient Saturne avec sa
« faux et Janus tenant les clefs du temple de la Paix.
« Sous les pieds de ces divinités, le Pontormo avait
« peint la Fureur enchaînée et plusieurs sujets relatifs
« à Saturne. Le char était accompagné de douze bergers
« vêtus de peaux de martre et d'hermine, chaussés de
« brodequins antiques, portant des panetières et cou-
« ronnés de guirlandes de feuilles. Les chevaux sur les-
« quels étaient montés ces bergers avaient, en guise de

« selles, des peaux de lion, de tigre et de loup-cervier
« dont les griffes étaient dorées : les croupières étaient
« en cordes d'or, les étriers avaient la forme de têtes de
« bélier, de chien ou d'autres animaux ; les brides
« étaient des tresses d'argent et de feuillages. Chaque
« berger était suivi de quatre pasteurs moins richement
« costumés, tenant des torches qui ressemblaient à des
« branches de pin.

« Quatre bœufs, couverts de somptueuses étoffes,
« traînaient le deuxième char. De leurs cornes dorées
« pendaient des guirlandes de fleurs et des chapelets.
« Sur le char était Numa Pompilius, deuxième roi des
« Romains, entouré des livres de la religion, de tous les
« ornements sacerdotaux et des instruments nécessaires
« aux sacrifices. Venaient ensuite six prêtres montés
« sur des mules magnifiques. Des voiles ornés de feuilles
« de lierre brodées d'or et d'argent leur couvraient la
« tête. Leurs robes, imitées de l'antique, étaient fran-
« gées d'or. Les uns tenaient une cassolette remplie de
« parfums ; les autres un vase d'or, ou quelque objet du
« même genre. A leurs côtés marchaient des ministres
« subalternes qui portaient des candélabres antiques.
« Sur le troisième char, attelé de chevaux d'une
« grande beauté et décoré de peintures par le Pontormo,
« était T. Manlius Torquatus, qui fut consul après la
« première guerre contre les Carthaginois, et dont le
« sage gouvernement rendit Rome florissante. Ce char
« était précédé de douze sénateurs montés sur des che-
« vaux couverts de housses de drap d'or, accompagnés

« d'une foule de licteurs portant des faisceaux, des
« haches et les autres insignes de la justice.

« Quatre buffles, travestis en éléphants, tiraient le
« quatrième char occupé par Jules César. Le Pontormo
« avait peint les plus fameuses actions du conquérant
« sur le char, qui était suivi de douze cavaliers dont
« les armes éclatantes étaient enrichies d'or. Chacun
« d'eux avait une lance appuyée sur la cuisse. Leurs
« écuyers portaient des torches figurant des trophées.

« Sur le cinquième char, traîné par des chevaux ailés
« qui avaient la forme de griffons, était César Auguste.
« Douze poètes à cheval et couronnés de lauriers ac-
« compagnaient l'empereur, que leurs ouvrages avaient
« contribué à immortaliser. Chacun de ces poètes avait
« une écharpe sur laquelle son nom était écrit.

« Sur le sixième char, peint par le Pontormo et
« attelé de huit génisses richement harnachées, était
« assis l'empereur Trajan. Il était précédé de douze
« docteurs ou jurisconsultes à cheval, vêtus de longues
« toges. Des scribes, des copistes, des garde-notes por-
« taient d'une main une torche, de l'autre des livres.

« A la suite de ces six chars venait le char où
« triomphe de l'âge d'or, peint par le Pontormo et
« orné par Baccio Bandinelli de nombreuses figures en
« relief, et entre autres des quatre vertus cardinales.
« Au milieu du char était un immense globe d'or, sur
« lequel était étendu un cadavre couvert d'une armure
« de fer rouillé. Du flanc de ce cadavre sortait un enfant
« nu et doré, pour représenter la résurrection de l'âge

« d'or et la fin du siècle de fer, dont le monde était
« redevable à l'exaltation de Léon X au pontificat. La
« tige sèche de laurier, dont les feuilles reverdissaient,
« exprimait la même idée, bien que plusieurs personnes
« prétendissent qu'elle faisait allusion à Laurent de
« Médicis, duc d'Urbin. Je dois dire que l'enfant qu'on
« avait doré mourut bientôt après des suites de cette
« opération, qu'il avait endurée pour gagner dix écus. »

La mort de cet enfant, c'est la petite pièce, à la fois
comique et lugubre, venant après la grande. — Si
sèche que soit l'énumération, elle peut vous montrer les
goûts pittoresques du temps. Ils n'étaient pas propres
seulement aux nobles et aux riches; le peuple les avait;
Laurent donnait ces fêtes pour garder son ascendant
sur lui. Il y en avait d'autres que l'on appelait les Chants
ou Triomphes carnavalesques. Laurent les avait agran-
dis et diversifiés; il y prenait part lui-même; quelquefois il y chantait ses vers et figurait au premier rang
dans la somptueuse cérémonie. Considérez, messieurs,
que Laurent de Médicis était à cette époque le plus
grand banquier, le plus libéral protecteur des beaux-
arts, le premier industriel de la ville, et qu'il en était
en même temps le premier magistrat. Il réunissait en
sa personne les qualités que vous trouvez dispersées
aujourd'hui dans M. le duc de Luynes, dans M. de
Rothschild, dans le préfet de la Seine, dans les direc-
teurs de l'Académie des beaux-arts, de l'Académie des
inscriptions, de l'Académie des sciences morales et
politiques et de l'Académie française. C'est un pareil

homme qui, sans croire compromettre sa dignité, allait dans les rues, à la tête des mascarades. Le goût du temps était si décidé et si vif en ce sens que ce zèle, loin de le rendre ridicule, lui faisait honneur. Vers la fin du jour, trois cents cavaliers et trois cents hommes à pied sortaient de son palais avec des torches et parcouraient, jusqu'à trois et quatre heures du matin, les rues de Florence. Parmi eux se trouvaient des chœurs de musique à dix, douze et quinze voix ; les petits poèmes qui se chantaient dans ces mascarades ont été imprimés et forment deux gros volumes. Je n'en citerai qu'un, celui de *Bacchus et Ariane*, qu'il composa lui-même. Il est tout païen pour le sentiment du beau et pour la morale. En effet, c'est le paganisme antique, avec ses arts et son esprit, qui fleurit alors une seconde fois.

« Que la jeunesse est belle ! — Elle fuit cependant. — Que celui qui veut être heureux le soit tout de suite. — Il n'y a pas de certitude pour demain.

« Voilà Bacchus et Ariane, — beaux et enflammés l'un pour l'autre. — Parce que le temps fuit et nous trompe, — ils sont toujours heureux ensemble.

« Ces nymphes et les autres — sont gaies en attendant. — Que celui qui veut être heureux le soit. — Il n'y a pas de certitude pour demain.

« Ces joyeux petits satyres, — amoureux des nymphes, — leur ont dressé cent embuscades — dans les cavernes et les bois ; — maintenant, échauffés par Bacchus, — ils dansent, ils sautent, en attendant. — Que celui qui

peut-être heureux le soit. — Il n'y a pas de certitude
pour demain.

« Dames et jeunes amants, — vive Bacchus et vive
l'Amour! — Que chacun joue des instruments, danse
et chante; — que le cœur s'enflamme de douceur
amoureuse; — la peine et la douleur doivent faire
trêve. — Que celui qui veut être heureux le soit. — Il
n'y a pas de certitude pour demain.

« Comme la jeunesse est belle! — Elle fuit cependant. »

Outre ce chœur, il y en avait beaucoup d'autres, les
uns chantés par des fileuses d'or, les autres par des
mendiants, par de jeunes femmes, par des ermites, des
cordonniers, des muletiers, des revendeurs, des fabricants d'huile, des faiseurs de gaufres. Les diverses corporations de la cité venaient prendre part à la fête. Le
spectacle serait à peu près le même aujourd'hui si,
pendant plusieurs journées de suite, l'Opéra, l'Opéra-
Comique, le Châtelet et le Cirque olympique paradaient
dans nos rues, mais avec cette différence qu'à Florence
ce n'étaient pas des figurants, de pauvres gens payés
pour endosser un costume d'emprunt, mais les citoyens
qui composaient le cortège; la cité descendait dans la
rue, heureuse de se contempler et de s'admirer, comme
une belle fille qui s'offre aux regards dans toute la
magnificence de ses atours.

Rien de plus efficace, pour donner tout l'essor aux
facultés humaines, qu'une pareille communauté d'idées,
de sentiments et de goûts. On a remarqué que deux

conditions sont nécessaires pour produire les grandes œuvres : la première, c'est la vivacité d'un sentiment spontané, propre et personnel, que l'on exprime comme on l'éprouve, sans craindre aucun contrôle ni subir aucune direction; la seconde, c'est la présence d'âmes sympathiques, l'aide extérieure et incessante des idées voisines par lesquelles les idées vagues qu'on porte en soi-même sont couvées, nourries, achevées, multipliées, enhardies. Cette vérité s'applique partout, dans les fondations religieuses et dans les entreprises militaires, dans les œuvres littéraires et dans les plaisirs mondains. L'âme est comme un brandon ardent; pour agir, il faut d'abord qu'elle brûle par elle-même, et ensuite qu'elle trouve autour d'elle d'autres tisons enflammés. Le contact mutuel les avive, et leur chaleur centuplée porte alors l'incendie de toutes parts. Considérez ces courageuses petites sectes protestantes qui, quittant l'Angleterre, allèrent fonder les États-Unis d'Amérique; elles étaient composées d'hommes qui osaient croire, sentir, penser profondément, d'une façon originale et passionnée, chacun par une conviction vigoureuse et propre, et qui, une fois réunis, pénétrés des mêmes sentiments et soutenus par le même enthousiasme, devenaient capables de coloniser des contrées sauvages et de fonder des États civilisés.

Il en est de même dans les armées. Quand, à la fin du siècle dernier, les armées françaises, si mal organisées, si novices dans l'art de la guerre, livrées à des officiers presque aussi ignorants que les soldats, se virent en présence des bataillons disciplinés du reste de l'Europe, ce qui les a soutenues, ce qui les a portées en avant, ce qui a fini par leur donner la victoire, c'est d'abord la fierté et la force de la croyance intérieure par laquelle chaque soldat se considérait comme supérieur à ceux qu'il allait combattre et destiné à porter la vérité, la raison, la justice, à travers tous les obstacles, au cœur de toutes les nations; c'est aussi la fraternité généreuse, la confiance mutuelle, la communauté de sympathies et d'aspirations par laquelle tous, le premier comme le dernier, le simple soldat comme le capitaine et le général, se sentaient dévoués à la même cause, chacun s'offrant en volontaire, chacun comprenant la situation, le danger, les nécessités, chacun se trouvant prêt à réparer les fautes, tous ne faisant qu'une âme et une volonté, et dépassant, par l'inspiration native comme par l'entente involontaire, la perfection des mécanismes que la tradition, les parades, les coups de canne et la hiérarchie prussienne avaient fabriqués de l'autre côté du Rhin.

Les choses ne vont point autrement, lorsqu'il s'agit d'art et de plaisir, que lorsqu'il s'agit d'intérêts et d'affaires. Les gens d'esprit n'ont jamais plus d'esprit que lorsqu'ils sont ensemble. Pour avoir des œuvres d'art, il faut d'abord des artistes, mais aussi des ateliers. Alors il y avait des ateliers, et en outre les artistes faisaient des corporations. Tous se tenaient, et, dans la grande société, de petites sociétés unissaient étroitement et librement leurs membres. La familiarité les rapprocha ; la rivalité les aiguillonnait. L'atelier est alors une boutique et non, comme aujourd'hui, un salon d'apparat arrangé pour provoquer la commande. Les élèves sont des apprentis qui prennent part à la vie et à la gloire des maîtres, et non des amateurs qui se sentent libres sitôt qu'ils ont payé la leçon. Un enfant à l'école apprenait à lire, à écrire, et quelque peu d'orthographe; puis tout de suite, à douze ans, treize ans, il entrait chez le peintre, l'orfèvre, l'architecte, le sculpteur; d'ordinaire, le maître était tout cela à la fois, et le jeune homme étudiait sous lui, non pas un fragment de l'art, mais l'art tout entier. Il travaillait pour lui, faisait les choses faciles, les fonds de tableaux, les petits ornements, les personnages accessoires; il participait au chef-d'œuvre, s'y intéressait comme à son œuvre propre; il était le fils et le domestique de la maison; on l'appelait la créature[1] du maître. Il mangeait à sa table, faisait ses commissions, couchait au-dessus de lui dans une soupente, recevait ses bourrades et les taloches de sa femme[2].

« Je restai, dit Rafaello di Montelupo, de douze à « quatorze ans, ce qui fait deux ans, chez Michel « Agnolo Bandinelli, et, la plus grande partie du temps, « je faisais aller les soufflets pour les ouvrages que fai- « sait le maître; parfois je dessinais. Advint qu'un jour « le maître me faisait recuire, c'est-à-dire remettre au « feu, certaines bossettes d'or qui se faisaient pour le

1. *Il creato.*
2. Entre autres celles de Lucrexia, femme d'Andrea del Sarto.

« duc Lorenzo de Médicis, duc d'Urbin. Il les battait
« sur l'enclume, et, pendant qu'il battait l'une, je cui-
« sais l'autre. S'étant arrêté à parler bas à un de ses
« amis, et ne s'étant pas avisé que j'avais ôté la froide
« et mis la chaude, il la prit et se brûla les deux doigts
« avec lesquels il la saisissait ; sur quoi, criant et sau-
« tant par toute la boutique, il voulait me rosser, et
« moi, me sauvant deçà et delà, je fis en sorte qu'il ne
« m'attrapât point. Mais, quand ce fut l'heure d'aller
« manger, comme je passais près du guichet où était
« le maître, il me prit par les cheveux et me donna
« plusieurs bons soufflets. »

Ce sont des mœurs de compagnons, serruriers ou
maçons, rudes, franches, gaies et amicales ; les élèves
voyagent avec le maître, se battent des poings et de
l'épée à ses côtés, sur la grande route. Ils le défendent
contre les attaques et les mauvais propos, et vous avez
vu comment les disciples de Raphaël et de Cellini tirent
le poignard ou le sabre pour l'honneur de la maison.

Les maîtres entre eux ont la même familiarité et la
même intimité fécondes. Une de leurs compagnies à
Florence s'appelait la compagnie du Chaudron, et ne
pouvait comprendre que douze membres ; les principaux
étaient Andrea del Sarto, Gian Francesco Rustici, Aristote de San Gallo, Domenico Puligo, Francesco di Pelle-
grino, le graveur Robetta, le musicien Domenico Bacelli.
Chacun d'eux avait le droit d'amener trois ou quatre
personnes. Chacun d'eux apportait un plat de son invention, et quiconque se rencontrait avec un autre payait

l'amende. Voyez quelle était la verve et la sève de ces esprits animés l'un par l'autre, et comment les arts du dessin trouvaient place jusque dans un souper. Un soir, Gian Francesco choisit pour table une énorme cuve et fait mettre les conviés dedans; alors, du centre de la cuve, sort un arbre dont les rameaux présentent à chacun son plat, pendant qu'au-dessous des musiciens font un concert. Le mets qu'il présente est un grand pâté dans lequel on voit « Ulysse qui fait bouillir son père pour le rajeunir[1] »; les deux figures sont des chapons bouillis, arrangés en forme d'hommes, et garnis de toutes sortes de choses bonnes à manger. Pour Andrea del Sarto, il apporte un temple à huit faces, posé sur *des colonnes, dont le pavé est un grand plat* de gélatine divisé en compartiments qui figurent des mosaïques; les colonnes, qui semblent de porphyre, sont de grandes et grosses saucisses; les bases et les chapiteaux sont en parmesan, les corniches en pâtisserie sucrée et la tribune en massepain. Au milieu est un lutrin de viande froide, avec un missel de vermicelle, où les lettres et les notes de musique sont des grains de poivre; les chantres alentour sont des grives rôties, le bec ouvert; derrière elles deux gros pigeons font les basses, et six ortolans les soprani. Domenico Puligo donne un cochon de lait figurant une paysanne qui file et garde ses poussins, Spillo un serrurier fabriqué avec une grande oie. Vous entendez d'ici les éclats de rire de la bonne humeur

1. Vasari n'est pas très exact en mythologie, et prend Ulysse pour Œson, père de Jason.

fantasque et bouffonne. — Une autre compagnie, celle de la Truelle, ajoute aux soupers les mascarades. Les convives s'amusent à représenter tantôt l'enlèvement de Proserpine par Pluton, tantôt les amours de Vénus et de Mars, tantôt la *Mandragore* de Machiavel, les *Suppositi* de l'Arioste, la *Calandra* du cardinal de Bibbiena. Une autre fois, comme la truelle est leur emblème, le président commande à tous les membres de comparaître en habits de maçon avec tous les instruments du métier, et leur fait bâtir un édifice de viandes, de pain, de gâteaux et de sucre. Le trop-plein de l'imagination se déverse dans ces bombances pittoresques. L'homme y semble enfant, tant son âme est jeune; il met partout les formes corporelles qu'il aime; il se fait acteur et mime, et joue avec son art, tant il en est rempli.

*Par-dessus ces associations bornées, il y en a d'au*tres plus larges, qui réunissent tous les artistes en un même effort. Vous venez de voir dans leurs soupers des gaietés, des expansions, des camaraderies, une simplicité et une bonne humeur burlesque qui semblent celles des ouvriers; ils ont aussi le patriotisme municipal des ouvriers. Ils parlent avec orgueil de leur « glorieuse école florentine ». Selon eux, il n'y en a point d'autre où l'on apprenne le dessin. « Là, dit Vasari, viennent
« les hommes parfaits dans tous les arts et spéciale-
« ment dans la peinture, attendu que dans cette cité
« on est aiguillonné par trois choses : — La première est
« la critique forte et répétée; car l'air du pays fait des
« esprits libres par nature, qui ne peuvent se contenter

« des ouvrages simplement médiocres, et qui ont égard
« au bon et au beau plutôt qu'au nom de l'auteur. — La
« seconde est le besoin de travailler pour vivre, ce qui
« veut dire qu'il y faut incessamment faire œuvre d'in-
« vention et de jugement, être avisé et prompt dans ses
« besognes, bref, savoir gagner sa vie, parce que le
« pays, n'étant point riche ni abondant, ne peut, comme
« d'autres, nourrir les gens à peu de frais. — La troi-
« sième, qui n'est pas moindre que les deux premières,
« est une certaine avidité de gloire et d'honneur, que
« l'air du pays engendre très grande dans les hommes
« de toute profession, et qui les révolte contre la pensée
« d'être les égaux, je ne dis pas les inférieurs, de ceux
« qu'ils reconnaissent pour maîtres, mais qu'ils voient
« hommes comme eux; ambition et émulation si vives
« qu'à moins d'être sages et bons de nature, ils en
« deviennent ingrats et médisants. » — Qu'il s'agisse
d'honorer leur ville, tous conspirent à bien faire; et la
rivalité qui les pousse à se surpasser les uns les autres
les conduit à faire mieux. Lorsque le pape Léon X vint,
en 1515, visiter Florence, sa patrie, la cité convoqua
tous les artistes pour le recevoir magnifiquement. On
construisit dans la ville douze arcs de triomphe décorés
de statues et de peintures; dans les intervalles s'éle-
vaient divers monuments, des obélisques, des colonnes,
des groupes semblables à ceux de Rome. « Sur la Piazza
« dei Signori, Antonio de San Gallo fit un temple à huit
« faces, et Baccio Bandinelli un géant sur la Loggia.
« Entre la Badia et le palais du podestat, Granaccio et

« Aristote de San Gallo bâtirent un arc de triomphe ; et,
« au coin des Bischeri, le Rosso en éleva un autre avec
« quantité de figures diverses et d'une belle ordonnance.
« Mais, ce qui fut le plus estimé, c'est la façade de Santa
« Maria del Fiore construite en bois et peinte par Andrea
« del Sarto de si belles histoires en clair-obscur qu'on
« n'eût pu rien souhaiter de mieux. L'architecte Jacopo
« Sansovino l'avait ornée de plusieurs histoires en bas-
« relief et de sculptures pleines, d'après le plan de feu
« Laurent de Médicis, père du pape. Le même Jacopo
« fit aussi sur la place de Santa Maria Novella un cheval
« semblable à celui de Rome, et qui parut très beau.
« L'appartement du pape dans la rue della Scala fut
« aussi décoré d'une multitude infinie d'ornements, et
« la moitié de cette rue était pleine de très belles his-
« toires exécutées par beaucoup d'artistes, mais dessi-
« nées pour la plupart par Baccio Bandinelli. »

Vous voyez que la gerbe des talents est complète, et
à quelle hauteur l'association la fait monter. La cité
travaille à se faire belle ; aujourd'hui, c'est tout entière,
pour un carnaval ou une entrée de prince ; demain et
toute l'année, ce sera par quartiers, corporations, con-
fréries ou couvents, chaque petit groupe emporté par
son zèle, « plus riche de cœur que d'argent [1] », mettant
sa gloire à bien décorer sa chapelle et son monastère,
son portique et son lieu d'assemblée, ses costumes et
ses drapeaux de tournoi, ses chars et ses insignes de

---

1. Voyez dans la Vie d'Andrea del Sarto, par Vasari, les circonstances des commandes.

la Saint-Jean. Jamais l'excitation mutuelle n'a été si universelle et si forte; jamais la température dans laquelle naissent les arts du dessin n'a été si bonne; jamais on ne vit un moment et un milieu pareils. L'assemblage des circonstances est unique : une race douée d'imagination rythmique et figurative atteint la culture moderne en gardant les mœurs féodales, concilie les instincts énergiques avec les idées fines, pense par des formes sensibles, et, lancée jusqu'au bout de son génie par l'élan spontané, sympathique, contagieux des petits groupes libres qui la composent, invente le modèle idéal, dont la perfection corporelle peut seule exprimer le noble paganisme qu'elle ressuscite pour un instant. — De ce faisceau de conditions dépend tout art qui représente les formes du corps. De ce faisceau de conditions dépend la grande peinture. Selon qu'il manque ou se décompose, elle manque ou se décompose. Elle ne s'est point produite, tant qu'il n'a pas été complet. Elle s'est altérée, sitôt qu'il a commencé à se défaire. Elle a suivi pas à pas sa formation, sa plénitude, son démembrement et sa ruine. Elle est restée symbolique et mystique jusqu'à la fin du xive siècle, sous l'empire des idées théologiques et chrétiennes. Elle a prolongé l'école symbolique et mystique jusqu'au milieu du xve siècle [1], pendant la longue lutte de l'esprit chrétien et de l'esprit païen. Elle a trouvé au milieu du xve siècle son interprète le plus angélique dans une âme sainte

---

1. Encore en 1444, Parro Spinelli et les Bicci faisaient des peintures giottesques.

préservée du paganisme nouveau par la solitude du
cloitre [1]. Elle s'est intéressée au corps réel et solide dès
les premières années du xve siècle, à l'exemple de la
sculpture, par la découverte de la perspective, par
l'étude de l'anatomie, par le perfectionnement du modelé, par l'application du portrait, par l'emploi de
l'huile, lorsque, vers la même époque, l'adoucissement
des guerres, l'apaisement des cités, le développement
des industries, l'accroissement de la richesse et du
bien-être, la restauration de la littérature et des idées
antiques, ramenèrent à la vie présente les yeux tournés
vers la vie future, et remplacèrent l'espoir de la félicité
céleste par la recherche du bonheur humain. Elle a
passé de l'imitation exacte à la belle invention, lorsque,
au temps de Léonard de Vinci et de Michel-Ange, de
Laurent de Médicis et de Francesco della Rovere, la culture définitive, élargissant l'esprit et achevant les idées,
produisit la littérature nationale à côté de la restauration
classique, et le paganisme complet par delà l'hellénisme
ébauché. Elle s'est prolongée à Venise un demi-siècle
plus tard qu'ailleurs, au milieu d'une oasis préservée
des Barbares, dans une cité indépendante où la tolé-
rance se maintenait en face du pape, le patriotisme en
face de l'Espagne, et les mœurs militaires en face des
Turcs. Elle s'est amollie au temps du Corrège, et elle
s'est refroidie sous les successeurs de Michel-Ange,
lorsque les invasions et les misères accumulées eurent

____

1. Beato Angelico.

brisé le ressort de la volonté humaine, lorsque la monarchie laïque, l'inquisition ecclésiastique, la pédanterie académique, eurent régularisé et amoindri la sève de l'invention native, lorsque les mœurs prirent une apparence décente et les esprits un tour sentimental, lorsque le peintre, qui était un artisan naïf, devint un cavalier poli, lorsque la boutique et les apprentis firent place à « l'Académie », lorsque l'artiste libre et hardi, qui jouait et sculptait ses bouffonneries dans les soupers de la Truelle [1], devint un courtisan diplomate, persuadé de son importance, observateur de l'étiquette, défenseur des règles, flatteur vaniteux des prélats et des grands. — Par cette correspondance exacte et continue, on voit que, si le grand art et son milieu sont contemporains, ce n'est pas qu'un hasard les assemble, c'est que le second ébauche, développe, mûrit, gâte et dissout avec soi le premier, à travers les accidents du grand pêlemêle humain et les jets imprévus de l'originalité personnelle. Le milieu apporte ou emporte l'art à sa suite, comme le refroidissement plus ou moins grand dépose ou supprime la rosée, comme la lumière plus ou moins faible nourrit ou étiole les portions vertes des plantes. Des mœurs analogues, et, dans leur genre, encore plus parfaites, avaient produit jadis un art analogue et plus

---

1. « Les fêtes qu'ils firent ainsi, dit Vasari, furent en nombre « infini; mais aujourd'hui ces compagnies sont, pour ainsi dire, « détruites. » — Voyez, par contraste, les Vies du Guide, de Lanfranc, des Carrache. C'est Ludovic Carrache qui le premier, au lieu de *Messer*, se fit appeler *Magnifico*.

parfait encore dans les petites cités guerrières et dans
les nobles gymnases de l'ancienne Grèce. Des mœurs analogues, mais, dans leur genre, un peu moins parfaites,
vont, en s'établissant, produire en Espagne, en Flandre
et même en France, un art analogue, quoique altéré ou
dévié par les dispositions originelles des races où il se
transplantera; et l'on peut conclure avec certitude que,
pour amener de nouveau sur la scène du monde un art
semblable, il faudra maintenant que le courant des
siècles y établisse d'abord un pareil milieu.

TROISIÈME PARTIE

LA PEINTURE DANS LES PAYS-BAS

TROISIÈME PARTIE

LA PEINTURE DANS LES PAYS-BAS

CHAPITRE I

LES CAUSES PERMANENTES

Pendant les trois années précédentes, je vous ai exposé l'histoire de la peinture en Italie; je dois cette année vous présenter l'histoire de la peinture dans les Pays-Bas. Deux groupes de peuples ont été et sont les principaux ouvriers de la civilisation moderne : d'un côté, les peuples latins ou latinisés, Italiens, Français, Espagnols, et Portugais; de l'autre, les peuples germaniques, Belges, Hollandais, Allemands, Danois, Suédois, Norvégiens, Anglais, Écossais, Américains. Dans le groupe des peuples latins, les Italiens sont, sans contredit, les meilleurs artistes; dans le groupe des peuples germaniques, sans contredit, ce sont les Flamands et les Hollandais. De sorte qu'en étudiant l'histoire de l'art chez ces deux peuples, nous étudions l'histoire de l'art moderne chez ses représentants les plus grands et les plus opposés.

Une œuvre aussi vaste et aussi diverse, une peinture qui dure près de quatre cents ans, un art qui compte tant de chefs-d'œuvre et imprime à toutes ses œuvres un caractère original et commun, est une œuvre nationale ; partant, elle se rattache à la vie nationale, et sa racine est dans le caractère national lui-même. Elle est une floraison préparée profondément et de loin par une élaboration de la sève, conformément à la structure acquise et à la nature primitive de la plante qui l'a portée. Selon notre méthode, nous allons d'abord étudier cette histoire intime et préalable, qui explique l'histoire extérieure et finale. Je vous montrerai d'abord la graine, c'est-à-dire la race avec ses qualités fondamentales et indélébiles, telles qu'elles persistent à travers toutes les circonstances et dans tous les climats ; ensuite la plante, c'est-à-dire le peuple lui-même avec ses qualités originelles, accrues ou limitées, en tout cas appliquées et transformées, par son milieu et son histoire ; enfin la fleur, c'est-à-dire l'art, et notamment la peinture, à laquelle tout ce développement aboutit.

Les hommes qui habitent les Pays-Bas appartiennent, pour la plupart, à cette race qui envahit l'empire romain au ve siècle, et qui alors pour la première fois, à côté des nations latines, revendiqua sa place au soleil. En certaines contrées, dans la Gaule, l'Espagne et l'Italie, ils n'apportèrent que des chefs et un appoint à la population primitive. En d'autres contrées, comme l'Angleterre et les Pays-Bas, ils chassèrent, détruisirent, remplacèrent les anciens habitants, et leur sang pur ou presque pur coule encore dans les veines des hommes qui aujourd'hui occupent le même sol. Pendant tout le moyen âge, les Pays-Bas s'appelaient la Basse-Allemagne. Les langues belge et hollandaise sont des dialectes de l'allemand, et, sauf le district wallon où l'on parle un français gâté, ils sont l'idiome populaire de toute la contrée.

Considérons les traits communs de toute cette race germanique et les différences par lesquelles elle s'oppose aux peuples latins. — Au physique, nous trouvons une chair plus blanche et plus molle, ordinairement des yeux bleus, souvent d'un bleu de faïence, ou pâles, plus pâles à mesure qu'on avance vers le nord, parfois vitreux en Hollande, des cheveux d'un blond de filasse et presque blancs chez les petits enfants; les anciens,

Romains s'en étonnaient déjà et disaient que chez les Germains les enfants avaient des cheveux de vieillards. Le teint est d'un rose charmant, infiniment délicat chez les jeunes filles, vif et teinté de vermillon chez les jeunes hommes, et quelquefois même chez les gens âgés; mais d'ordinaire, dans la classe laborieuse et dans l'âge mûr, je l'ai trouvé blafard, couleur de navet, et, en Hollande, couleur de fromage et même de fromage gâté. Le corps est le plus souvent grand, mais charpenté à gros coups ou rentassé, lourd et sans élégance. Pareillement, les traits du visage sont volontiers irréguliers, surtout en Hollande, bosselés, avec des pommettes saillantes et des mâchoires marquées. En somme la finesse et la noblesse sculpturales font défaut. Vous trouverez rarement des visages réguliers comme les jolies figures si nombreuses à Toulouse et à Bordeaux, comme les belles et fières têtes qui abondent dans la campagne de Florence et de Rome; vous trouverez bien plus fréquemment des traits exagérés, des assemblages incohérents de formes et de tons, des bouffissures étranges de chair, des caricatures naturelles. A les prendre pour des œuvres d'art, les figures vivantes témoignent d'une main alourdie et fantasque, par leur dessin plus incorrect et plus mou.

Si maintenant nous observons ce corps en action, nous trouverons ses facultés et ses besoins animaux plus grossiers que chez les Latins; matière et la masse y semblent prédominer sur le mouvement et sur l'âme; il est vorace et même carnassier. Comparez l'appétit d'un Anglais ou d'un Hollandais à celui d'un Français ou d'un Italien ; que ceux d'entre vous qui ont visité le pays se rappellent les tables d'hôte et la quantité de nourriture, surtout de viande, qu'engloutit tranquillement et plusieurs fois par jour un habitant de Londres, de Rotterdam ou d'Anvers ; dans les romans anglais, on déjeune toujours, et les héroïnes les plus sensibles, à la fin du troisième volume, ont consommé une infinité de tartines de beurre, de tasses de thé, de morceaux de volaille et de sandwiches. Le climat y contribue ; sous la brume du nord, on ne se soutiendrait pas, comme un paysan de race latine, avec une écuelle de soupe, ou avec un morceau de pain *frotté d'ail, ou avec une demi-assiette de macaroni.* — Par la même raison, le Germain aime les boissons fortes. Tacite l'avait déjà remarqué, et *Ludovico Guicciardini,* un témoin oculaire du xvie siècle que je vous citerai plus d'une fois, dit en parlant des Belges et des Hollandais : « Presque tous sont enclins à l'ivrognerie, « et ils sont passionnés pour ce vice ; ils se gorgent « de boisson le soir et parfois dès le jour. » Aujourd'hui, en Amérique et en Europe, dans la plupart des pays germaniques, l'intempérance est le défaut national ; la moitié des suicides et des maladies mentales en proviennent. Même chez les gens raisonnables, même chez des gens de condition moyenne, le plaisir de boire est très grand ; en Allemagne et en Angleterre, ce n'est point un déshonneur pour un homme bien élevé, s'il sort de table avec un commencement d'ivresse ; de temps en temps, il s'enivre tout à fait; chez nous, au contraire, c'est une tache; en Italie, c'est une honte; en Espagne, au dernier siècle, le nom d'ivrogne était une injure qu'un duel ne suffisait pas à venger : elle provoquait un coup de couteau. Rien de tel en pays germanique. Là-dessus les brasseries si fréquentées et si nombreuses, les innombrables débits de boissons fortes et de bières de toute espèce témoignent du goût public. Entrez à Amsterdam dans une de ces petites boutiques garnies de tonneaux luisants, où l'on avale coup sur coup des verres d'eau-de-vie blanche, jaune, verte, brune, souvent rehaussée de piment et de poivre. Prenez place à neuf heures du soir dans une brasserie de Bruxelles, devant une de ces tables de bois brun autour desquelles circulent des marchands de crabes, de pains salés et d'œufs durs; voyez ces gens assis paisiblement, chacun pour soi, parfois deux à deux, mais le plus souvent en silence, fumant, mangeant, et buvant de grandes lampées de bière qu'ils réchauffent de temps en temps par un verre de liqueur forte; vous comprendrez par sympathie la grosse sensation de chaleur et de plénitude animale qu'ils savourent solitairement, sans mot dire, à mesure que la nourriture solide et la boisson surabondante renouvellent en eux la substance humaine, et que tout le corps participe au bien-être de l'estomac satisfait.

Il reste à montrer dans leurs dehors un dernier trait qui choque particulièrement les méridionaux, je veux dire la lenteur et la lourdeur de leurs impressions et de

leurs mouvements. Un Toulousain, marchand de para-
pluies à Amsterdam, se jeta presque dans mes bras en
m'entendant parler français, et pendant un quart
d'heure je dus subir ses doléances. Pour un tempérament vif comme le sien, les gens du pays étaient into-
lérables ; « raides, figés, sans émotion ni sentiment,
« insipides et ternes, de vrais navets, monsieur, de
« vrais navets! » Et, de fait, son caquetage et son
expansion faisaient contraste. Il semble, quand on leur
parle, qu'ils ne comprennent pas de prime abord, ou
que leur machine expressive ait besoin de temps pour
se mettre en branle ; on voit un concierge de musée, un
domestique de place, rester béant une minute avant de
répondre. — Aux cafés, dans les wagons, le flegme et
l'immobilité des traits sont frappants ; ils n'éprouvent
pas comme nous le besoin de se remuer, de causer ; ils
peuvent rester fixes, pendant des heures entières, en
tête-à-tête avec leur pensée ou leur pipe. En soirée, à
Amsterdam, des dames parées comme des châsses,
immobiles dans leurs fauteuils, semblaient des statues.
En Belgique, en Allemagne, en Angleterre, les figures
de paysans nous semblent inanimées, éteintes ou
engourdies ; un de mes amis, revenant de Berlin, me
disait : « Tous ces gens-là ont les yeux morts. » Les
jeunes filles elles-mêmes ont un air naïf et endormi ;
maintes fois je me suis arrêté aux vitres d'une boutique, regardant un visage rose, placide, candide, une
madone du moyen âge occupée à faire des modes ; c'est
l'inverse dans notre Midi et en Italie, où les yeux d'une

grisette ont l'air de faire la conversation avec les chaises, faute de mieux, où la pensée, au moment où elle éclôt, se traduit d'abord en gestes. Dans les pays germaniques, les canaux de la sensation et de l'expression semblent obstrués ; tout ce qui est délicatesse, émotion et agilité d'action, paraît impossible ; un méridional crie à la gaucherie et à la maladresse ; c'était le jugement spontané de tous nos Français dans les guerres de la Révolution et de l'Empire. — A cet égard, la toilette et la démarche donnent les meilleurs indices, surtout si on les prend dans la classe moyenne ou inférieure. Comparez les grisettes de Rome et de Bologne, de Paris et de Toulouse, aux grandes poupées mécaniques que vous voyez à Hampton Court le dimanche, ballonnées et raides, avec leurs écharpes violettes, leurs soies voyantes, leurs ceintures d'or et tout l'étalage d'un luxe emphatique. Je me rappelle en ce moment deux fêtes, l'une à Amsterdam, où se pressaient les riches paysannes de la Frise, la tête encapuchonnée dans un bonnet tuyauté, sur lequel un chapeau en façon de cabriolet se cabrait convulsivement, pendant que, sur les tempes et le front, deux plaques d'or, un fronton d'or et des tire-bouchons d'or encadraient un visage blafard et mal venu ; l'autre à Fribourg en Brisgau, où des villageoises, plantées sur leurs pieds solides, restaient debout, le regard vague, exposées dans leur costume national : jupes noires, rouges, vertes, violettes, à plis raides, comme ceux des statues gothiques, corsages boursouflés par devant et par derrière, manches rembourrées

et massives en façon de gigots, tailles sanglées presque
sous l'aisselle, cheveux jaunes et ternes retroussés dure-
ment et tirés vers le haut de la tête, chignons enfermés
dans un béguin brodé d'or et d'argent, au-dessus
duquel un chapeau d'homme dressait son tuyau couleur
d'orange, couronnement hétéroclite d'un corps qui semblait taillé à coups de serpe, et suggérait vaguement
l'idée d'un poteau peinturluré. — Bref, dans cette
race, l'animal humain est plus tardif et plus grossier
que dans l'autre; on est tenté de le juger inférieur,
si on le compare à l'Italien, au Français du midi, si
sobres, si prompts d'esprit, qui, naturellement, savent
parler, causer, mimer leur pensée, avoir du goût,
atteindre à l'élégance, et sans effort, comme les
Provençaux du xiie siècle et les Florentins du xive,
se trouvent cultivés, civilisés, achevés du premier
coup.

Il ne faut pas s'en tenir à cette première vue; elle ne
donne qu'une face des choses : il y en a une autre qui
accompagne celle-ci, comme le côté de la lumière
accompagne le côté de l'ombre. La finesse et la précocité naturelles aux peuples latins ont plusieurs suites
mauvaises : elles leur donnent le besoin des sensations
agréables. Partant, ils sont exigeants en fait de bonheur ;
il leur faut des plaisirs nombreux, variés, fort ou fins,
l'amusement de la conversation, les douceurs de la politesse, les satisfactions de la vanité, les sensualités de
l'amour, les jouissances de la nouveauté et de l'imprévu,
les symétries harmonieuses des formes et des phrases ;

ils deviennent aisément rhétoriciens, dilettantes, épicuriens, voluptueux, libertins, galants et mondains. En
effet, c'est par ces vices que leur civilisation se corrompt
ou finit; vous les trouverez au déclin de l'ancienne
Grèce et de l'ancienne Rome, dans la Provence du
XIIe siècle, dans l'Italie du XVIe, dans l'Espagne du XVIIe
dans la France du XVIIIe. Leur tempérament, plus vite
affiné, les porte plus vite au raffinement. Ils veulent
savourer des sensations exquises; ils ne peuvent se
contenter de sensations ternes; ils sont comme des
gens qui, habitués à manger des oranges, rejetteraient
bien loin les carottes et les navets; et pourtant c'est de
carottes, navets et autres légumes aussi insipides que se
compose l'ordinaire de la vie. C'est en Italie qu'une
grande dame disait en mangeant une glace délicieuse :
« Quel dommage que ce ne soit pas un péché! » C'est
en France qu'un grand seigneur disait, en parlant d'un
roué diplomate : « Qui ne l'adorerait? il est si vicieux! »
— D'autre part, leur vivacité d'impression et leur
promptitude à l'action les font improvisateurs; ils sont
trop vite et trop fort excités par le choc des choses,
jusqu'à oublier le devoir et la raison, jusqu'aux coups
de couteau en Italie et en Espagne, jusqu'aux coups
de fusil en France, partant médiocrement capables
d'attente, de subordination, de régularité. Pour réussir
dans la vie, il faut savoir patienter, s'ennuyer, défaire
et refaire, recommencer et continuer, sans que le flot
de la colère ou l'élan de l'imagination vienne arrêter ou
détourner l'effort quotidien. En somme, si l'on compare

leurs facultés au train courant du monde, on le trouve
trop mécanique, trop rude et trop monotone pour
elles, et on les trouve trop vives, trop délicates et
trop brillantes pour lui. Toujours, au bout de quelques
siècles, ce désaccord se marque dans leur civilisation;
ils demandent trop aux choses, et, par manque de conduite, ils n'obtiennent pas même ce que les choses
pourraient leur fournir.

Maintenant, supprimez ces dons heureux et, par
contre-coup, ces inclinations fâcheuses; imaginez, sur
ce corps lent et lourd du Germain, une tête bien orga-
nisée, une intelligence complète, et suivez les conséquences. Ayant des impressions moins vives, l'homme
ainsi bâti sera plus rassis et plus réfléchi. Comme il a un
besoin moindre des sensations agréables, il pourra, sans
s'ennuyer, faire des choses ennuyeuses. Ses sens étant
plus rudes, il préférera le fond à la forme et la vérité
intime au décor extérieur. Comme il est moins prompt,
il est moins sujet à l'impatience et aux éclats déraison-
nables; il a l'esprit de suite, il peut persister dans des
entreprises dont l'issue est à longue échéance. Bref,
chez lui, l'intelligence est plus souveraine, parce que
les tentations du dehors sont moindres et que les explosions du dedans sont rares : la raison gouverne mieux,
quand, au dedans, il y a moins de révoltes et quand, au
dehors, il y a moins d'assauts. — Considérez, en effet,
les peuples germains aujourd'hui et dans tout le cours
de leur histoire. En premier lieu, ce sont les plus
grands travailleurs du monde; à cet égard, pour les

choses de l'esprit, nul n'égale les Allemands : érudition, philosophie, connaissance des langues les plus rébarbatives, éditions, dictionnaires, collections, classifications, recherches de laboratoire, en toute science, ce qui est labeur ennuyeux et rebutant, mais préparatoire et nécessaire, leur appartient en propre ; avec une patience et une abnégation admirables, ils taillent toutes les pierres de l'édifice moderne. Dans les choses de la matière, les Anglais, les Américains, les Hollandais, font la même œuvre. Je voudrais vous montrer un apprêteur d'étoffes ou un fileur anglais à l'ouvrage : c'est un automate parfait, qui travaille tout le jour sans une minute de distraction, et la dixième heure aussi bien que la première. S'il est dans le même atelier que des ouvriers français, ceux-ci font un contraste frappant : ils ne savent pas s'astreindre à cette régularité de machine ; ils sont plus vite inattentifs et las ; partant, au bout de la journée, ils ont moins produit ; au lieu de dix-huit cents broches, ils n'en mènent que douze cents. La capacité devient moindre encore lorsqu'on descend vers le Midi : un Provençal, un Italien, a besoin de causer, de chanter, de danser ; volontiers il flâne et se laisse vivre, et, à ce prix, il se résigne fort bien à n'avoir qu'un habit râpé. Là, l'oisiveté semble naturelle et même honorable. La *vie noble*, la paresse de l'homme qui, par point d'honneur, ne travaille pas, vit d'expédients et parfois de jeûne, a été le fléau de l'Espagne et de l'Italie pendant ces deux derniers siècles. Au contraire, aux mêmes époques, le Flamand, le Hollandais, l'Anglais, l'Allemand, ont mis leur gloire à se bien fournir de toutes les choses utiles ; la répugnance instinctive qui porte l'homme ordinaire à fuir la peine, la vanité puérile qui porte l'homme cultivé à se distinguer du manœuvre, ont cédé devant leur bon sens et leur raison

La même raison et le même bon sens fondent et maintiennent chez eux les diverses sortes de sociétés, et d'abord la société conjugale. — Vous savez que chez les peuples latins elle n'est pas fort respectée : en Italie, en Espagne, en France, le théâtre et le roman ont toujours eu pour principal sujet l'adultère ; à tout le moins, la littérature y prend pour héros la passion, et lui prodigue toutes ses sympathies en lui accordant tous les droits. Au contraire, en Angleterre, le roman est la peinture de l'amour honnête et la louange du mariage ; la galanterie n'est pas honorable en Allemagne, même chez les étudiants. Dans les pays latins, elle est excusée ou tolérée, et parfois même approuvée. L'assujettissement du mariage et la monotonie du ménage y semblent pénibles. La séduction des sens y est trop pénétrante ; les caprices de l'imagination y sont trop brusques ; l'esprit s'y forge un rêve de délices, de transports et d'extases, ou tout au moins un roman de sensualité vive et variée ; puis, à la première occasion, le flot accumulé déborde, renversant toutes les digues du devoir et de la loi. Considérez l'Espagne, l'Italie, la France, au xvie siècle ; lisez les nouvelles de Bandello, les comédies de Lope, les récits de Brantôme, et écoutez en même temps les remarques que Guicciardini, un contemporain, fait sur les mœurs des Pays-Bas. « Ils ont l'adultère en hor- « reur.... Leurs femmes sont extrêmement sages, et « cependant on les laisse très libres. » Elles vont seules faire des visites et même des voyages, sans qu'on parle mal d'elles ; elles se suffisent pour se garder. D'ailleurs, ce sont des ménagères ; elles aiment leur intérieur. Encore dernièrement, un Hollandais riche et noble me citait plusieurs jeunes femmes de sa famille qui n'avaient point voulu voir l'Exposition universelle et qui étaient restées au logis pendant que leurs maris et leurs frères venaient à Paris. Un naturel si calme et si sédentaire répand beaucoup de bonheur dans la vie domestique ; dans le silence des curiosités et des convoitises, l'as- cendant des idées pures est plus fort ; comme on ne s'ennuie pas d'être toujours avec la même personne, le souvenir de la foi promise, le sentiment du devoir, le respect de soi-même prévalent aisément contre des ten- tations qui triomphent ailleurs parce qu'elles sont plus fortes. — J'en dirai autant des autres genres d'associa- tions, surtout de l'association libre. Elle est fort difficile à pratiquer ; pour que la machine fonctionne régulière- ment et sans accrocs, il faut que les gens qui la com- posent aient des nerfs calmes et soient dominés par l'idée du but. On est tenu d'être patient dans un *meeting*, de se laisser contredire et même diffamer, d'attendre son tour pour répondre, de répondre avec modération, de subir vingt fois de suite le même raisonnement orné de chiffres et de documents positifs. Il ne faut pas jeter le journal quand la politique cesse d'être intéressante, s'en occuper pour le plaisir de discuter et de pérorer, faire des insurrections contre les chefs sitôt qu'ils déplaisent; c'est la mode en Espagne et ailleurs; et vous connaissez un pays où l'on a renversé le gouvernement parce qu'il était peu actif et que la nation « s'ennuyait ». Chez les peuples germaniques, on s'associe, non pour parler, mais pour agir; la politique est une affaire qu'il faut mener à bien; on y porte l'esprit des affaires; la parole n'est qu'un moyen; l'effet, même lointain, est le but. Ils se subordonnent à ce but, ils sont pleins de déférence pour les personnes qui le représentent. Chose unique, ici les gouvernés respectent les gouvernants; quand ceux-ci sont mauvais, on leur résiste, mais légalement, avec patience, et, si les institutions sont défectueuses, on les redresse peu à peu, sans les casser. Les pays germaniques sont la patrie du gouvernement parlementaire et libre : vous le voyez établi aujourd'hui en Suède, en Norvège, en Angleterre, en Belgique, en Hollande, en Prusse, même en Autriche; les colons qui défrichent l'Australie et l'ouest de l'Amérique l'y implantent avec eux; si brutaux que soient ces nouveaux venus, il y prospère à l'instant et il y persiste sans peine; il se rencontre aux origines mêmes de la Belgique et de la Hollande; les vieilles cités des Pays-Bas étaient des républiques, et se sont maintenues telles, en dépit de leurs suzerains féodaux, pendant tout le moyen âge. L'association libre s'y établit et s'y maintient sans effort et d'abord, la petite comme la grande et dans la grande.

Au xvi⁰ siècle, nous trouvons dans chaque ville, et même dans chaque bourgade, des sociétés d'arquebu-siers et de rhétoriciens; on en a compté plus de deux cents. Encore aujourd'hui, en Belgique, florissent une infinité d'associations pareilles : sociétés pour le tir à l'arc, pour le chant, pour les pigeons, pour les oiseaux chanteurs. En Hollande, des particuliers, volontairement unis, pourvoient à tous les services de charité publique. Agir en corps sans que personne opprime personne, voilà un talent tout germanique; c'est le même talent qui leur donne tant de prise sur la matière : s'accom-moder par patience et réflexion aux lois de la nature physique et de la nature humaine, et, au lieu d'aller à l'encontre, en tirer profit.

Si maintenant de l'action nous passons à la spécula-tion, c'est-à-dire à la façon de concevoir et de figurer le monde, nous y trouverons l'empreinte de ce génie réfléchi et peu sensuel. Les peuples latins ont un goût très vif pour le dehors et le décor des choses, pour la pompeuse représentation qui flatte les sens et la vanité, pour la régularité logique, la symétrie extérieure, la belle ordonnance, bref, pour la forme. Au contraire, les peuples germaniques se sont plus volontiers attachés à l'être intime des choses, à la vérité elle-même, c'est-à-dire au fond. Leur instinct les pousse à ne pas se laisser séduire par l'apparence, à lever les voiles, à saisir la chose cachée, fût-elle répugnante et triste, à n'en retrancher ni dissimuler aucun détail, fût-il vul-gaire et laid. Entre vingt œuvres de cet instinct, il y en

a deux qui le mettent dans tout son jour, parce que
l'opposition de la forme et du fond y est très marquée :
ce sont la littérature et la religion. — Les littératures
des peuples latins sont classiques et se rattachent de
près ou de loin à la poésie grecque, à l'éloquence romaine, à la renaissance italienne, au siècle de Louis XIV ;
elles épurent et ennoblissent, elles embellissent et
retranchent, elles ordonnent et proportionnent. Leur
dernier chef-d'œuvre est le théâtre de Racine, le peintre
des façons princières, des convenances de cour, des personnages mondains, des âmes cultivées, le maître du
style oratoire, de la composition savante, de l'élégance
littéraire. Au contraire, les littératures germaniques
sont romantiques et ont pour première souche l'Edda
et les vieilles *sagas* du Nord ; leur plus grand chef-
d'œuvre est le théâtre de Shakespeare, c'est-à-dire la
représentation crue et complète de la vie réelle, avec
tous les détails atroces, ignobles et plats, avec tous les
instincts sublimes et brutaux, avec toute la saillie de
toute la nature humaine étalée aux regards dans un
style tantôt familier jusqu'à la trivialité, tantôt poétique
jusqu'au lyrisme, toujours affranchi de toute règle,
incohérent, excessif, mais d'une puissance incomparable pour transporter dans les âmes, toute chaude et
toute frémissante, la passion dont il est le cri. — Pareillement, que l'on prenne la religion et qu'on la contemple au moment décisif où les peuples de l'Europe
sont appelés à choisir leur croyance, c'est-à-dire au
xvie siècle : ceux qui ont lu les documents originaux

savent de quoi alors il s'agissait, quelles préférences
secrètes ont maintenu les uns dans l'ancienne voie et
poussé les autres dans la nouvelle. Tous, jusqu'au dernier, les peuples latins sont restés catholiques; ils n'ont
point voulu sortir de leurs habitudes d'esprit; ils ont
été fidèles à la tradition; ils sont demeurés soumis à
l'autorité; ils ont été touchés par les dehors sensibles,
par la pompe du culte, par la belle ordonnance de la
hiérarchie ecclésiastique, par l'idée majestueuse de
l'unité et de la perpétuité catholiques; ils ont attaché
une importance capitale aux rites, aux œuvres exté-
rieures, aux actes visibles par lesquels la piété se manifeste. Au contraire, presque toutes les nations germaniques sont devenues protestantes; si la Belgique, qui
penchait vers la Réforme, y a été soustraite, c'est par
force, grâce aux victoires de Farnèse, à la mort et à la
fuite de tant de familles protestantes, et à une crise
morale particulière, que vous verrez dans l'histoire de
Rubens. Les autres peuples germains ont subordonné le
culte extérieur au culte intime; ils ont fait consister le
salut dans la conversion et dans l'émotion religieuse du
cœur; ils ont fait fléchir l'autorité officielle de l'Église
devant la conviction personnelle de l'individu; par cette
prédominance du fond, la forme est devenue accessoire,
et le culte, les pratiques, les rites, se sont réduits d'autant. — Nous verrons tout à l'heure que, dans les arts,
la même opposition d'instincts a produit un contraste
analogue de goût et de style. En attendant, qu'il nous
suffise de saisir les caractères fondamentaux qui dis-

tinguent les deux races. Si la seconde, comparée à la première, présente une forme moins sculpturale, des appétits plus grossiers et un tempérament plus engourdi, elle fournit, par le calme de ses nerfs et par la froideur de son sang, plus de prise à la pure intelligence; sa pensée, moins détournée du droit chemin par l'attrait du plaisir sensible, par les saccades de l'improvisation, par l'illusion de la beauté extérieure, sait mieux s'accommoder aux choses, tantôt pour les comprendre, tantôt pour les diriger.

Cette race, ainsi douée, a subi diverses empreintes, selon les divers milieux où elle a vécu. Semez plusieurs graines de la même espèce végétale en des sols et sous des températures différentes ; laissez-les germer, grandir, fructifier, se reproduire indéfiniment chacune en son terrain : elles s'adapteront chacune à son terrain, et vous aurez plusieurs variétés de la même espèce, d'autant plus distinctes que les contrastes des divers climats seront plus forts. Telle est l'histoire de la race germanique aux Pays-Bas : dix siècles d'habitation ont fait leur œuvre ; à la fin du moyen âge, nous rencontrons en elle, par-dessus le caractère inné, un caractère acquis.

Il nous faut donc observer le sol et le ciel ; à défaut d'un voyage, jetez au moins les yeux sur une carte. Sauf le district montagneux du sud-est, les Pays-Bas sont une plaine détrempée ; trois grands fleuves, la Meuse, le Rhin, l'Escaut, et plusieurs petits l'ont formée de leurs atterrissements. Ajoutez les affluents, les étangs, les marais nombreux ; la contrée est un déversoir de grandes eaux qui, en y arrivant, deviennent lentes ou demeurent stagnantes, faute de pentes. Creusez un trou, n'importe en quel endroit, il vient de l'eau. Si vous regardez les paysages de Van der Neer, vous aurez une idée de ces

vastes fleuves paresseux qui, aux approches de la mer,
sont larges d'une lieue; ils dorment vautrés dans leur
lit, comme un énorme poisson visqueux et plat, et lui-
sent blafards, vaseux, avec des tons d'écaille terne; souvent la plaine est plus basse qu'eux et ne se défend que
par des levées de terre; on les sent qui vont déborder;
de leur dos transpire une vapeur incessante, et la nuit,
sous la lune, le brouillard épaissi enveloppe toute la
campagne de son humidité bleuâtre. Suivez-les jusqu'à la mer; là, une seconde eau plus violente, soulevée
tous les jours par les marées, achève l'œuvre de la première; l'océan du Nord est hostile à l'homme. Rappelez-
vous l'*Estacade* de Ruysdael et pensez aux tempêtes
fréquentes qui lancent les vagues rousses et les mons-
trueuses lames d'écume sur la petite bande de terre
plate déjà demi-noyée par l'élargissement des fleuves.
Une ceinture d'îles, quelques-unes grandes comme un
demi-département, marque sur toute la côte cet engor-
gement des eaux fluviales et cet assaut des eaux marines,
Walcheren, Beveland du Nord et Beveland du Sud,
Tholen, Schouven, Vorn, Beyerland, Texel, Vlieland,
d'autres encore. Parfois l'Océan entre et fait des mers
intérieures, celle de Harlem, ou des golfes profonds,
celui du Zuyderzee. Si la Belgique est une alluvion étalée
par les fleuves, la Hollande n'est qu'un tas de boue au
milieu des eaux. Joignez à cette inclémence du sol la
rigueur de la température, et vous serez tentés de conclure que le pays n'est pas fait pour l'homme, mais pour
les échassiers et les castors.

Quand les premières tribus germaniques vinrent y camper, il était pire encore. Au temps de César et de Strabon, ce n'était qu'une forêt marécageuse; les voyageurs contaient qu'on pouvait aller d'arbre en arbre par toute la Hollande sans toucher terre. Les chênes déracinés, qui tombaient dans les fleuves, faisaient des radeaux, comme aujourd'hui sur le Mississipi, et venaient choquer les flottes romaines. Tous les ans le Wahal, la Meuse et l'Escaut débordaient et couvraient au loin le sol plat. Tous les ans les tempêtes de l'automne noyaient l'île des Bataves; en Hollande, la face des côtes changeait incessamment. La pluie était continuelle et le brouillard impénétrable comme dans l'Amérique russe; le jour ne durait que trois ou quatre heures. Une couche solide de glace couvrait le Rhin tous les ans. Toujours la civilisation, en défrichant le sol, adoucit la température, et la Hollande sauvage avait alors le climat de la Norvège. Quatre siècles après l'invasion, la Flandre s'appelait encore « la Forêt sans fin et sans miséricorde ». En 1197, le pays de Waes, qui est maintenant un potager, était inculte, et les moines y étaient assiégés par les loups. Au xive siècle, des troupeaux de chevaux sauvages erraient encore dans les forêts de la Hollande. La mer empiétait sur la terre. Gand était port de mer au ixe siècle, Thérouanne, Saint-Omer et Bruges au xiie, Dam au xiiie, l'Écluse au xive. Quand on regarde la Hollande sur les anciennes cartes, on ne la reconnaît plus[1].

1. Michiels, *Histoire de la peinture flamande*, t. I, p. 230; et Schayes, *Les Pays-Bas avant et pendant la domination romaine*.

— Aujourd'hui encore les habitants sont obligés de
défendre le sol contre les fleuves et la mer. En Belgique,
la lisière de l'Océan est plus basse que la marée haute,
les polders ainsi conquis étalent leurs vastes plaines
argileuses, leur glèbe collante, teintée de reflets vio-
lâtres, entre des digues qui, même de nos jours, sont
parfois rompues. En Hollande, le danger est encore plus
grand, et toute vie y semble précaire. Depuis treize
siècles, on y compte en moyenne une grande inondation
tous les sept ans, outre les petites : 100 000 personnes
ont été noyées en 1230, 80 000 en 1287, 20 000 en 1470,
30 000 en 1570, 12 000 en 1717. En 1776, en 1808, en 1825,
plus récemment encore, on a vu de pareils désastres. La
baie de Dollard, large de 12 kilomètres et profonde de 35,
le Zuyderzee, qui a 44 lieues carrées, sont des invasions
de la mer au xiii⁰ siècle. Pour protéger la Frise, il a fallu
22 lieues de pilotis enfoncés sur trois rangs, qui coûtent
chacun 7 florins. Pour défendre la côte de Harlem, il a
fallu une digue de granit de Norvège, longue de 8 kilomètres, haute de 40 pieds et qui s'enfonce de 200 pieds
dans les vagues. Amsterdam, qui a 260 000 habitants,
est tout entière bâtie sur des pilotis, qui parfois ont
30 pieds de long. Tous les emplacements des villes et
des villages en Frise sont des constructions artificielles.
On estime que les travaux de défense entre l'Escaut et
le Dollard ont coûté sept milliards et demi. C'est à ce
prix qu'on vit en Hollande ; et, quand de Harlem ou
d'Amsterdam on a vu l'énorme houle jaunâtre clapoter
et enserrer à perte de vue sa mince bordure de boue,

on trouve qu'en jetant cette pâture au monstre, l'homme se sauve à bon marché [1].

Maintenant, imaginez dans ce marécage les anciennes tribus germaniques, pêcheurs et chasseurs errants sur des barques de cuir, vêtus d'un sayon de peau de phoque, et calculez, si vous pouvez, l'effort que ces Barbares ont dû faire pour se fabriquer un sol habitable et se changer en un peuple civilisé. Des hommes d'un autre caractère n'y fussent pas parvenus ; le milieu était trop mauvais. Dans des conditions analogues, les races inférieures du Canada et de l'Amérique russe sont restées sauvages ; d'autres races bien douées, les Celtes d'Irlande et de la haute Écosse, n'ont atteint qu'à des mœurs chevaleresques et à des légendes poétiques. Il fallait ici de bonnes têtes réfléchies, capables de subordonner la sensation à l'idée, de supporter patiemment l'ennui et la fatigue, de s'imposer des privations et du travail en vue d'un effet lointain ; bref, une race germanique : j'entends des hommes faits pour s'associer, peiner, lutter, recommencer et améliorer sans cesse, endiguer les fleuves, arrêter la mer, dessécher le sol, profiter du vent, de l'eau, du terrain plat, de la boue argileuse, faire des canaux, des navires, des moulins, de la brique, du bétail, des industries, des échanges. Comme la difficulté était énorme, l'intelligence s'est employée tout entière à la vaincre ; elle s'est tournée tout entière de ce côté ; partant, elle s'est détournée du reste. Subsister,

1. Voyez Alph. Esquiros, *La Néerlande et la vie néerlandaise*, 2 vol. in-8.

s'abriter, se vêtir, manger, se pourvoir contre le froid
et l'humidité, s'approvisionner, s'enrichir, ils n'avaient
point le temps de penser à autre chose; l'esprit est
devenu tout positif et tout pratique. Impossible, en
semblable pays, de rêver, de philosopher à l'allemande,
de voyager parmi les chimères de la fantaisie et les systèmes de la métaphysique [1]. On est tout de suite ramené
sur terre; l'appel à l'action est trop universel, trop
urgent et trop incessant; si l'on pense, c'est pour agir.
Sous cette pression séculaire, le caractère se fait; ce
qui était habitude devient instinct; la forme acquise par
le père se trouve héréditaire chez l'enfant; travailleur,
industriel, commerçant, homme d'affaires, homme de
ménage, homme de bon sens et rien de plus, il est de
naissance et sans peine ce que ses ancêtres, par nécessité et par contrainte, sont devenus [2].

D'autre part, cet esprit positif s'est trouvé calme.
Comparé à d'autres nations dont la souche est la même
et dont le génie n'est pas moins pratique, l'homme des
Pays-Bas se montre mieux équilibré et plus capable
d'être content. On ne voit point en lui les passions violentes, l'humeur militante, la volonté tendue, les instincts
de bouledogue, l'orgueil grandiose et sombre, que trois
conquêtes à demeure et la survivance séculaire du
conflit politique ont implantés chez les Anglais. On ne

1. Alfred Michiels, *Histoire de la peinture flamande*, t. I, p. 238.
Ce premier volume renferme plusieurs idées générales, toutes
dignes d'attention.
2. Prosper Lucas, *De l'Hérédité*, et Darwin, *De la Sélection
naturelle*.

voit point en lui l'inquiétude et le besoin exagéré d'action,
que la sécheresse de l'air, les brusques alternatives du
chaud et du froid, l'électricité surabondante, ont implantés
chez les Américains des États-Unis. Il vit dans un climat
humide et uniforme, qui détend les nerfs, développe le
tempérament lymphatique, modère les révoltes, les
explosions et les fougues de l'âme, émousse l'âpreté des
passions et tourne le caractère du côté de la sensualité
et de la belle humeur. Vous avez déjà rencontré cet
effet du climat, quand nous avons comparé le génie et
l'art des Vénitiens au génie et à l'art de Florence. — Ici
d'ailleurs les événements sont venus en aide au climat,
et l'histoire a travaillé dans le même sens que la physio-
logie. Les hommes de ces pays n'ont point subi, comme
leurs voisins d'outre Manche, deux ou trois invasions,
l'envahissement d'un peuple entier, Saxons, Danois,
Normands, installés sur leurs terres ; ils n'ont point
recueilli l'héritage de haine, que l'oppression, la résis-
tance, l'acharnement, l'effort prolongé, la guerre d'abord
ouverte et violente, ensuite sourde et légale, transmet-
tent de génération en génération. Dès les plus anciens
temps, on les rencontre occupés, comme au siècle de
Pline, à faire du sel, « associés, selon leur vieil usage,
« pour mettre en culture les terrains marécageux »[1],
libres dans leurs ghildes, revendiquant leur indépendance, leur droit de justice, leurs privilèges immémo-
riaux, ayant pour affaires la grande pêche, le commerce

1. Moke, *Mœurs et usages des Belges*, 111, 115. Capitulaire du
x° siècle.

et l'industrie, appelant leurs villes du nom de *ports*;
bref, tels que Guicciardini les trouve au xvie siècle,
« très désireux de gagner et attentifs à profiter », mais
sans que ce besoin de se pourvoir ait rien de fiévreux ni
de déraisonnable. « Leur naturel est calme et parfaite-
« ment rassis. Ils jouissent prudemment et selon l'occa-
« sion de la fortune et des autres choses mondaines, et
« ne se troublent pas aisément, ce qui se voit d'abord
« à leurs discours et à leurs physionomies. Ils ne sont
« point trop enclins à la colère ni à l'orgueil, mais
« vivent entre eux en bonnes gens, et surtout sont
« d'humeur gaie et joviale. » Selon lui, ils n'ont point
l'ambition exigeante et vaste. Beaucoup d'entre eux
quittent de bonne heure les affaires, s amusent à bâtir,
à se donner du bon temps, à vivre. — Toutes les circonstances physiques et morales, la géographie et la politique, le présent et le passé, ont concouru au même
effet, c'est-à-dire au développement d'une faculté et
d'un penchant, au détriment des autres : habileté de
conduite et sagesse de cœur, intelligence pratique et
désirs bornés; ils savent améliorer le monde réel, et,
cela fait, ils ne cherchent pas au delà.

En effet, considérez leur œuvre : par sa perfection et
ses lacunes, elle montre à la fois les limites et les puissances de leur esprit. La grande philosophie si naturelle
en Allemagne, la grande poésie si florissante en Angleterre, leur ont manqué. Ils ne savent pas oublier les
choses sensibles et les intérêts positifs pour s'adonner à
la spéculation pure, suivre les audaces de la logique,

raffiner les délicatesses de l'analyse, s'enfoncer dans les
profondeurs de l'abstraction. Ils ignorent ces agitations
de l'ame, ces violences des sentiments comprimés, qui
impriment au style un accent tragique, et cette fantaisie
vagabonde, ces songes délicieux ou sublimes qui, par
delà les vulgarités de la vie, ouvrent aux regards un
nouvel univers. Chez eux, nul philosophe de la grande
espèce ; leur Spinoza est un Juif, élève de Descartes et
des rabbins, solitaire isolé, d'un autre génie et d'une
autre race. Aucun de leurs livres n'est devenu européen,
comme ceux de Burns, du Camoens, qui pourtant sont
nés parmi des nations aussi petites. Un seul de leurs
écrivains a été lu par tous les hommes de son siècle,
Érasme, lettré délicat, mais qui écrivit en latin, et qui,
par son éducation, ses goûts, son style, ses idées, se
rattache à la famille des humanistes et des érudits de
l'Italie. Les anciens poètes hollandais, par exemple Jacob
Cats, sont des moralistes graves, sensés, un peu longs,
qui louent les joies d'intérieur et la vie de famille. Les
poètes flamands du XIIIe et du XIVe siècle annoncent à
leurs auditeurs qu'ils ne leur raconteront pas des fables
chevaleresques, mais des histoires vraies, et ils mettent
en vers des sentences pratiques ou des événements contemporains. Leurs chambres de rhétorique ont eu beau
cultiver et mettre en scène la poésie, aucun talent n'a
tiré de cette matière une grande et belle œuvre. Il leur
vient un chroniqueur comme Chatelain, un pamphlétaire
comme Marnix de Sainte-Aldegonde ; mais leur narration
pâteuse est enflée ; leur éloquence surchargée, brutale

et crue, rappelle, sans l'égaler, la grosse couleur et la lourdeur énergique de leur peinture nationale. Aujourd'hui, leur littérature est presque nulle. Leur seul romancier, Conscience, quoique assez bon observateur, nous paraît bien pesant et bien vulgaire. Quand on va dans leur pays et qu'on lit leurs journaux, du moins ceux qui ne se fabriquent pas à Paris, il semble qu'on tombe en province et même plus bas. La polémique y est grossière, les fleurs de rhétorique y sont vieillies, la plaisanterie y est assenée, les traits d'esprit y sont émoussés ; une grosse jovialité ou une grosse colère en font tous les frais ; les caricatures elles-mêmes nous semblent balourdes. Si l'on cherche la part qu'ils ont dans le grand édifice de la pensée moderne, on trouve que patiemment, méthodiquement, en honnêtes et bons ouvriers, ils ont taillé quelques pierres. Ils peuvent citer une savante école de philologie à Leyde, des jurisconsultes comme Grotius, des naturalistes et médecins comme Leuvenhoeck, Swammerdam et Boerhaave, des physiciens comme Huyghens, des cosmographes comme Ortelius et Mercator ; bref, un contingent d'hommes spéciaux et utiles, mais point de ces esprits créateurs qui ouvrent sur le monde de grandes vues originales ou enchâssent leurs conceptions dans de belles formes, capables d'un ascendant universel. Ils ont laissé aux nations voisines le rôle que remplissait Marie, la contemplative, aux pieds de Jésus ; ils ont pris pour eux celui de Marthe : au xviie siècle, ils ont donné des chaires aux érudits protestants exilés de France, une patrie à la libre pensée persécutée dans toute l'Europe, des éditeurs à tous les livres de science et de polémique ; plus tard ils ont fourni des imprimeurs à toute notre philosophie du XVIIIe siècle, enfin des libraires, des courtiers et même des contrefacteurs à toute la littérature moderne. De tout cela ils profitent ; car ils savent les langues, ils lisent, et ils sont instruits ; l'instruction est une acquisition et un approvisionnement qu'il est bon de faire comme les autres. Mais ils s'en tiennent là, et ni leurs œuvres anciennes ni leurs œuvres modernes ne manifestent le besoin et la faculté de contempler le monde abstrait par delà le monde sensible, et le monde imaginaire par delà le monde réel.

Au contraire, ils ont toujours excellé et ils excellent encore dans tous les arts que l'on nomme utiles. « Les « premiers entre les Transalpins, dit Guicciardini, ils ont « inventé les étoffes de laine. » Jusqu'en 1404, ils étaient seuls capables de les tisser et de les fabriquer ; l'Angleterre leur fournissait la laine ; les Anglais ne savaient encore qu'élever et tondre les moutons. A la fin du XVIe siècle, chose unique en Europe, « presque tous, « même les paysans, savent lire et écrire ; la plupart « ont même des principes de grammaire. » Aussi trouve-t-on des chambres de rhétorique, c'est-à-dire des sociétés d'éloquence et de représentation théâtrale, jusque dans les bourgades. Ceci indique à quel point de perfection ils avaient déjà conduit leur civilisation. « Ils ont, dit Guicciardini, un talent et un bonheur « particulier d'invention prompte en fait de machines

« de toutes sortes, convenables et ingénieuses pour faci-
« liter, abréger et expédier toutes les choses qu'ils font
« même en matière de cuisine. » A vrai dire, ils sont,
avec les Italiens, les premiers qui aient atteint en
Europe la prospérité, la richesse, la sécurité, la liberté,
le confortable, et tous les biens qui nous semblent le
propre de l'âge moderne. Au xiiie siècle, Bruges valait
Venise ; au xvie siècle, Anvers était la capitale industrielle et commerciale du Nord. Guicciardini ne peut se
lasser de la louer ; en effet, il l'a vue encore intacte et
florissante, avant le terrible siège de 1585. Au xvii^e
siècle, la Hollande, qui reste libre, prend pour un siècle
la place que tient l'Angleterre aujourd'hui dans le
monde ; la Flandre a beau retomber aux mains des
Espagnols, être foulée par toutes les guerres de Louis XIV,
être livrée à l'Autriche, servir de champ de bataille aux
guerres de la Révolution française ; elle ne descend
jamais au niveau de l'Italie ou de l'Espagne ; la demi-
prospérité qu'elle garde, à travers les misères de l'invasion répétée et du despotisme maladroit, manifeste
l'énergie de son bon sens vivace et la fécondité de son
labeur assidu.

Aujourd'hui, de toutes les contrées de l'Europe, la
Belgique est celle qui, à superficie égale, nourrit le
plus d'habitants ; elle en nourrit le double de la
France ; le plus peuplé de nos départements, celui du
Nord, est un morceau que Louis XIV en a détaché.
Déjà, vers Lille et Douai, on voit s'étaler en cercle indé-
fini, jusqu'au bout de l'horizon, le grand potager plat.

la terre fertile et profonde, diaprée de javelles pâles, de
champs de pavots, de betteraves aux lourdes feuilles,
grassement couvée par un ciel bas, tiède, où nagent les
vapeurs. Entre Bruxelles et Malines commence la
prairie universelle, çà et là rayée par une ligne de peu-
pliers, coupée de fossés humides et de barrières, où le
bétail paît toute l'année, magasin inépuisable de four-
rage, de lait, de fromage et de viande. Aux environs de
Gand et de Bruges, le pays de Waes est « la terre
classique de l'agriculture », nourrie d'engrais qu'on
ramasse en tout pays, de fumier qu'on apporte de
Zélande. Pareillement, la Hollande n'est qu'un pâtu-
rage, culture naturelle qui, au lieu d'épuiser le sol, le
renouvelle, fournit aux propriétaires les produits les
plus amples, et prépare au consommateur les aliments
les plus fortifiants. En Hollande, à Buicksloot, il y a
des vachers millionnaires, et de tout temps, aux yeux
d'un étranger, les Pays-Bas ont semblé la patrie de la
bombance et de la mangeaille. — Si, de l'œuvre agri-
cole, vous reportez les yeux vers l'œuvre industrielle,
vous rencontrez partout le même art d'exploiter et
d'utiliser les choses. Pour eux les obstacles se sont
changés en auxiliaires. Ce sol était plat et trempé
d'eau ; ils en ont profité pour le couvrir de canaux et
de chemins de fer ; nulle part en Europe les voies de
communication et de transport ne sont si nombreuses.
Le bois leur manquait : ils ont creusé jusque dans les
entrailles du sol, et les houillères de la Belgique sont
aussi riches que celles de l'Angleterre. Les fleuves les

gênaient par leurs débordements, et les lacs intérieurs
leur prenaient une portion de leur territoire : ils ont
desséché les lacs, endigué les fleuves et profité des
grasses alluvions, des lents dépôts de terre végétale que
les eaux surabondantes ou stagnantes avaient étendus
sur leur sol. Leurs canaux gelaient : avec leurs patins,
ils font l'hiver cinq lieues à l'heure. La mer les mena-
çait ; après l'avoir contenue, ils se sont servis d'elle
pour aller commercer chez toutes les nations. Le vent
courait sans obstacle sur leur contrée plate et sur leur
océan houleux : ils l'ont employé à gonfler les voiles de
leurs vaisseaux, à mouvoir les ailes de leurs moulins.
En Hollande, vous apercevrez, à chaque tournant de
chemin, quelqu'une de ces énormes bâtisses, haute de
cent pieds, munie d'engrenages, de machines, de
pompes, occupée à vider le trop-plein des eaux, à scier
des poutres, à fabriquer de l'huile. Du bateau à vapeur,
en face d'Amsterdam, on voit s'étendre à perte de vue
une infinie toile d'araignée, une frange grêle, indis-
tincte et compliquée, mâts de navires, ailes de moulins, qui ceignent l'horizon de leurs raies innombrables. L'impression qu'on emporte est celle d'un
pays transformé de fond en comble par la main et l'art
de l'homme, parfois fabriqué de toutes pièces jusqu'à
devenir confortable et productif.

Entrons plus avant, approchons de l'homme, et
voyons le premier de ses dehors, c'est-à-dire son habitation. Point de pierre dans ce pays ; ils n'avaient
qu'une terre collante, bonne pour empêtrer les pieds

des hommes et des chevaux. Mais ils ont eu l'idée de la
cuire, et de cette façon la brique, la tuile, qui sónt les
meilleures défenses contre l'humidité, se trouvent sous
leur main. Vous voyez des bâtisses bien entendues et
agréables d'aspect, des murs rouges, bruns, roses, couverts d'un enduit lustré, des façades blanches et vernissées, parfois ornées de fleurs et d'animaux sculptés,
de médaillons, de colonnettes. Dans les vieilles villes, la
maison a souvent sur la rue son pignon festonné d'ar-
cades, de branchages, de bosselures, terminé par un
oiseau, une pomme, un buste ; elle n'est point, comme
dans nos villes, une suite de sa voisine, un comparti-
ment abstrait de la grande caserne, mais une chose à
part, douée d'un caractère propre et personnel, à la fois
intéressante et pittoresque. Rien de mieux tenu et de
plus propre : à Douai, les plus pauvres, une fois par
an, font blanchir leur maison, dehors et dedans, et
il faut retenir six mois d'avance les vernisseurs. A
Anvers, à Gand, à Bruges, et surtout dans les petites
villes, la plupart des façades semblent toujours peintes
à neuf ou rafraîchies d'hier. De tous côtés on lave et
l'on balaye. Quand on arrive en Hollande, le soin
redouble et s'exagère. Dès cinq heures du matin on
voit des servantes lessiver les trottoirs. Aux environs
d'Amsterdam les villages semblent des décors d'opéra-
comique, tant ils sont pimpants et bien époussetés. Il y
a des étables de vaches dont le sol est un parquet ; on
n'y entre qu'avec des pantoufles ou des sabots disposés
à l'entrée pour cet usage ; une tache de boue ferait

scandale, à plus forte raison une ordure; la queue des
vaches est relevée avec une petite corde pour qu'elles
ne se salissent pas. Défense aux voitures d'entrer dans
le village; les trottoirs de briques et de faïence bleuâtre
sont plus irréprochables qu'un vestibule chez nous. En
automne des enfants viennent ramasser les feuilles
tombées dans les rues pour les mettre dans un trou.
Partout, dans les petites chambres qui semblent des
cabines de navire, l'ordre et l'arrangement sont les
mêmes que dans un navire. A Broeck, dit-on, dans
chaque maison est une pièce principale où l'on n'entre
qu'une fois par semaine, pour essuyer et frotter
les meubles, et qu'aussitôt l'on referme exactement;
dans un pays aussi humide, une tache devient tout de
suite une moisissure malsaine; l'homme, contraint à
la propreté méticuleuse, en contracte l'habitude, en
éprouve le besoin, et à la fin en subit la tyrannie. Mais
vous auriez plaisir à voir dans la moindre rue d'Amsterdam la plus humble boutique, ses tonneaux bruns,
son comptoir immaculé, ses escabeaux essuyés, chaque
chose à sa place, l'étroit espace si bien utilisé, le
savant et commode arrangement de tous les ustensiles.
Guicciardini remarquait déjà que « leurs maisons et
« leurs habits sont propres, beaux, bien arrangés,
« qu'ils ont quantité de meubles, ustensiles, objets
« domestiques, entretenus dans un ordre et avec un
« éclat admirables, plus qu'en aucun pays ». Il faut
voir le confortable des appartements, surtout dans les
maisons bourgeoises : tapis, toiles cirées pour les par-

quets, cheminées économiques et chaudes de fer ou de faïence, triples rideaux aux fenêtres, vitres claires aux grands luisants noirs, vases de fleurs roses et de plantes vertes, quantité de brimborions qui indiquent les goûts sédentaires et rendent agréable la vie au logis, miroirs disposés pour réfléchir les passants et l'aspect changeant de la rue. Chaque détail montre un inconvénient auquel on a paré, un besoin qu'on a satisfait, un agrément qu'on s'est ménagé, un soin qu'on a pris; bref, le règne universel de l'activité prévoyante et du bien-être minutieux.

En effet, l'homme est tel que l'indique son œuvre. Ainsi pourvu et ainsi disposé, il jouit et sait jouir. La terre plantureuse lui fournit la nourriture abondante, viande, poisson, légumes, bière, eau-de-vie; il mange, boit abondamment, et, en Belgique, l'appétit germanique, se raffinant sans s'amoindrir, devient sensualité gastronomique. La cuisine y est savante, et parfaite jusque dans les tables d'hôte; ce sont, je crois, les meilleures de l'Europe. Il y a tel hôtel à Mons où, le samedi, les gens des petites villes voisines viennent exprès dîner, pour faire un repas délicat. Le vin leur manque, mais ils l'importent d'Allemagne et de France, et se vantent d'avoir nos meilleurs crus; selon eux, nous ne traitons pas nos vins avec le respect qu'ils méritent; il faut être Belge pour les soigner et les savourer comme il convient. Il n'y a pas d'hôtel important qui n'en ait une provision variée et choisie; cet assortiment fait sa gloire et son achalandage; volontiers, en chemin de fer, la conversation roule sur les mérites de deux caves rivales. Tel négociant économe a dans ses celliers sablés douze mille bouteilles bien classées : c'est sa bibliothèque. Tel bourgmestre d'une petite ville hollandaise possède un tonneau de johannisberg authentique, récolté dans la bonne année, et ce tonneau ajoute à la considération de son maître. Là, un homme qui donne à dîner sait échelonner ses vins de façon à ne pas émousser le goût et à faire boire le plus possible. — Quant aux plaisirs de l'oreille et des yeux, ils les entendent aussi bien que ceux du palais et de l'estomac. Ils aiment d'instinct la musique, que nous ne goûtons que par éducation. Au xvi⁰ siècle, ils sont les premiers dans cet art; Guicciardini dit que leurs chanteurs et leurs instrumentistes sont recherchés dans toutes les cours de la chrétienté; à l'étranger, leurs professeurs font école et leurs compositions font loi. Encore aujourd'hui le grand don musical, l'aptitude à chanter en parties se rencontre jusque dans les gens du peuple; les mineurs des charbonnages font des sociétés chorales; j'ai entendu des ouvriers de Bruxelles et d'Anvers, des calfats et des matelots d'Amsterdam, chanter en chœur et juste, en travaillant ou en revenant le soir dans la rue. Il n'y a pas de grande ville belge où un carillon, juché dans le beffroi, ne vienne tous les quarts d'heure amuser l'artisan à son établi, le bourgeois dans sa boutique, par les étranges harmonies de ses sonorités métalliques. Pareillement leurs hôtels de ville, leurs façades de maison, même leurs anciens

verres à boire, par leur ornementation compliquée,
leurs lignes tortillées, leur invention originale et parfois
fantasque, sont agréables aux yeux. Joignez à cela les
tons francs ou bien composés des briques qui forment
les murs, la richesse des teintes brunes et rouges rele-
vées de blanc qui s'étalent sur les toits et sur les
façades ; certainement les villes des Pays-Bas sont en
leur genre aussi pittoresques que celles de l'Italie. De
tout temps ils ont aimé les kermesses, les fêtes de
Gayant, les défilés de corporations, la parade et l'étalage
des costumes et des étoffes ; je vous montrerai la pompe
tout italienne des entrées et des cérémonies au xve et au
xvie siècle. Ils sont gourmets autant que gourmands en
fait de bien-être, et régulièrement, tranquillement, sans
enthousiasme ni fièvre, ils recueillent toutes les harmonies agréables de saveurs, de sons, de couleurs et de
formes, qui naissent au milieu de leur prospérité et de
leur abondance comme des tulipes dans un terreau.
Tout cela fait un bon sens un peu court et un bonheur
un peu gros ; un Français y bâillerait bien vite ; il
aurait tort ; cette civilisation, qui lui semble empâtée
et vulgaire, a un mérite unique : elle est saine ; les
hommes qui vivent ici ont le don qui nous manque le
plus, la sagesse, et une récompense que nous ne méri-
tons plus, le contentement.

III

Telle est en ce pays la plante humaine; il nous reste à voir l'art, qui est sa fleur. Seule entre toutes les tiges de la souche, cette plante a produit une fleur complète: la peinture, qui se développe si heureusement et si naturellement dans les Pays-Bas, avorte chez les autres nations germaniques; et la raison de ce beau privilège se trouve dans le caractère national que nous avons constaté.

Pour comprendre et aimer la peinture, il faut que l'œil soit sensible aux formes et aux couleurs, que, sans éducation ni apprentissage il ait du plaisir à voir un ton près d'un ton, qu'il soit délicat en fait de sensations optiques; l'homme qui sera peintre doit être capable de s'oublier devant la riche consonance d'un rouge et d'un vert, devant la dégradation d'une clarté qui s'obscurcit en se transformant, devant les nuances d'une soie ou d'un satin qui, selon ses cassures, ses enfoncements et ses distances, prend des reflets d'opale, de vagues miroitements lumineux, d'imperceptibles teintes bleuâtres. L'œil est un gourmet comme la bouche, et la peinture est un festin exquis qu'on lui sert. C'est pourquoi l'Allemagne et l'Angleterre n'ont point eu de grande peinture. — En Allemagne, la domination trop forte des pures idées n'a pas laissé de place à la sensualité de l'œil. La première école, celle de Cologne, a peint, non des corps, mais des âmes mystiques, pieuses et tendres. Le grand artiste allemand du xvie siècle, Albert Dürer, a beau connaître les maîtres italiens, il garde ses formes disgracieuses, ses plis anguleux, ses laides nudités, son coloris terne, ses figures sauvages, tristes ou mornes; la fantaisie étrange, le profond sentiment religieux, les vagues divinations philosophiques qui percent dans ses œuvres montrent un esprit à qui la forme ne suffit pas. Voyez au Louvre un petit Christ de Wohlgemuth, son maître, et une Ève de Lucas Cranach, son contemporain : vous sentirez que les hommes qui faisaient de tels groupes et de tels corps étaient nés pour la théologie, mais non pour la peinture. Aujourd'hui encore, c'est le dedans qu'ils estiment et goûtent, non le dehors; Cornélius et les maîtres de Munich considèrent l'idée comme principale et l'exécution comme secondaire; le maître conçoit, c'est l'élève qui peint; leur œuvre, toute symbolique et philosophique, a pour but d'attirer la réflexion du spectateur sur quelque grande vérité morale ou sociale. Pareillement, Overbeck a pour but l'édification et prêche l'ascétisme sentimental; pareillement encore, Knauss est si habile psychologue que ses tableaux sont des idylles ou des comédies. — Quant aux Anglais, jusqu'au xviiie siècle, ils ne font guère qu'importer chez eux des tableaux et des peintres étrangers. En ce pays, le tempérament est trop militant, la volonté trop raidie, l'esprit trop utilitaire, l'homme trop endurci, trop *entraîné* et trop sur-

mené, pour s'attarder et se délecter aux belles et fines
nuances des contours et des couleurs. Leur peintre
national, Hogarth, n'a fait que des caricatures morales.
D'autres, comme Wilkie, se servent de leurs pinceaux
pour rendre visibles des caractères et des sentiments;
même dans le paysage, c'est l'âme qu'ils peignent; les
choses corporelles ne sont pour eux qu'un indice et une
suggestion. Cela est visible même dans leurs deux grands
paysagistes, Constable et Turner, et dans leurs deux
grands portraitistes, Gainsborough et Reynolds. Aujour-
d'hui, enfin, leur coloris est d'une brutalité choquante,
et leur dessin d'une minutie littérale. — Seuls, les Flamands et les Hollandais ont aimé les formes et les couleurs pour elles-mêmes; ce sentiment dure encore; le
pittoresque de leurs villes et l'agrément de leurs intérieurs en donnent la preuve, et l'an dernier, à l'Exposition universelle, vous avez pu voir que l'art véritable,
la peinture exempte d'intentions philosophiques et de
déviations littéraires, capable de manier la forme sans
servilité et la couleur sans barbarismes, ne subsistait
guère que chez eux et chez nous.

Grâce à ce don national, au xve, au xvie et au xviie siècles, quand les circonstances historiques sont devenues
favorables, ils ont pu avoir, en face de l'Italie, une
grande école de peinture. Mais, comme ils étaient des
Germains, leur école a suivi la voie germanique. Ce qui
distingue leur race des races classiques, c'est, comme
vous l'avez vu, la préférence du fond à la forme, de la
vérité vraie à la belle décoration, de la chose réelle

complexe, irrégulière, naturelle, à la chose arrangée, élaguée, épurée et transformée. Cet instinct, dont vous avez vu l'ascendant dans leur religion et leur littérature, a aussi dirigé leur art et notamment leur peinture. « La haute signification de l'école flamande, dit très « bien M. Waagen[1], provient de ce que cette école, libre « de toute influence étrangère, nous révèle le contraste « des sentiments de la race grecque et de la race germaine, les deux têtes de colonne de la civilisation « dans le monde ancien et dans le monde moderne. « Tandis que les Grecs cherchaient à idéaliser, non seu« lement les conceptions du monde idéal, mais jusqu'à « leurs portraits, en simplifiant les formes et en accen« tuant les traits les plus importants, les premiers Fla« mands, au contraire, traduisirent en portraits les per« sonnifications idéales de la Vierge, des apôtres, des « prophètes, des martyrs, et s'efforcèrent de représenter « d'une manière exacte les petits détails de la nature. « Tandis que les Grecs exprimaient les détails du pay« sage, rivières, fontaines, arbres, sous des formes « abstraites, les Flamands cherchaient à les rendre tels « qu'ils les avaient vus. En regard de l'idéal et de la « tendance des Grecs à tout personnifier, les Flamands « créèrent une école réaliste, une école de paysage. « Sous ce rapport, les Allemands d'abord, puis les « Anglais, les ont suivis dans la carrière. » Parcourez dans un musée d'estampes toutes les œuvres d'origine

1. *Manuel de l'histoire de la peinture*, t. I, p. 79.

germanique, depuis Albert Dürer, Martin Schœngauer,
les Van Eyck, Holbein et Lucas de Leyde, jusqu'à Rubens, Rembrandt, Paul Potter, Jean Steen et Hogarth :
si vous avez l'imagination remplie par les nobles formes
italiennes ou par les élégantes formes françaises, vos
yeux seront choqués; vous aurez peine à vous mettre au
point de vue, vous croirez souvent que l'artiste vise au
laid, de parti pris. La vérité est qu'il n'est pas rebuté
par les trivialités et les irrégularités de la vie. Il ne
comprend point naturellement les ordonnances symétriques, le mouvement aisé et calme, les belles proportions, la santé et l'agilité des membres nus. Quand les
Flamands, au xvi⁰ siècle, se sont mis à l'école des Italiens, ils n'ont réussi qu'à gâter leur style original. Pendant soixante-dix ans d'imitation patiente, ils ont mis
au jour des avortons hybrides. Cette longue période
d'insuccès, placée entre deux longues périodes d'excellence, témoigne des limites et de la puissance de leurs
aptitudes originelles. Ils ne savaient pas simplifier la
nature; ils avaient besoin de la reproduire tout entière.
Ils ne la concentraient point dans le corps nu, ils donnaient une importance égale à toutes ses œuvres[1],

1. A cet égard, le jugement de Michel-Ange est très instructif :
« En Flándre, disait-il, on peint de préférence ce qu'on appelle
« paysages et beaucoup de figures par-ci par-là.... Il n'y a là ni
« raison, ni art, point de symétrie, nul soin dans le choix, nulle
« grandeur.... Si je dis tant de mal de la peinture flamande, ce
« n'est pas qu'elle soit entièrement mauvaise, *mais elle veut rendre*
« *avec perfection tant de choses dont une seule suffirait par son*
« *importance*, qu'elle n'en fait aucune d'*une manière satisfai-*
« *sante.* » — On reconnaît le génie italien, classique et *simpliste*.

paysages, édifices, animaux, costumes, accessoires. Ils n'étaient pas capables de comprendre et d'aimer le corps idéal; ils étaient faits pour peindre et enforcir le corps réel.

Cela posé, on démêle aisément en quoi ils diffèrent des autres maîtres de la même race. Je vous ai décrit leur génie national, si raisonnable et si bien équilibré, exempt d'aspirations supérieures, borné au présent, disposé à jouir des choses. De tels artistes n'inventeront point les figures tristes, douloureusement rêveuses, accablées par le poids de la vie, obstinément résignées d'Albert Dürer. Ils ne s'attacheront pas, comme les peintres mystiques de Cologne ou les peintres moralistes de l'Angleterre, à représenter des âmes ou des caractères; on ne sentira guère chez eux la disproportion de l'esprit et du corps. En pays fertile et riche, parmi des mœurs joviales, devant des figures pacifiques, bonasses ou florissantes, ils trouveront des modèles conformes à leur génie. Presque toujours,. ils peindront l'homme pourvu de bien-être et content de son sort. S'ils l'agrandissent, ce sera sans l'élever au-dessus de sa vie terrestre. L'école flamande du xvııe siècle ne fait qu'élargir ses appétits, ses convoitises, sa force et sa joie. Le plus souvent, ils le laisseront tel qu'il est : l'école hollandaise se borne à reproduire la quiétude de l'appartement bourgeois, le confortable de l'échoppe ou de la ferme, les gaietés de la promenade et de la taverne, toutes les petites satisfactions de la vie paisible et réglée. Rien de plus convenable à la peinture; trop de pensée et d'émotion lui nuit. De tels sujets conçus dans un tel esprit fournissent des œuvres d'une harmonie rare ; les Grecs seuls et quelques grands artistes italiens, en avaient donné l'exemple ; à un étage inférieur, les peintres des Pays-Bas font comme eux : ils nous représentent l'homme complet dans son type, adapté aux choses, partant, heureux sans effort.

Reste un point à considérer. Un des principaux mérites de cette peinture est l'excellence et la délicatesse du coloris. C'est que l'éducation de l'œil, en Flandre et en Hollande, a été particulière. Le pays est un delta humide comme celui du Pô, et Bruges, Gand, Anvers, Amsterdam, Rotterdam, La Haye, Utrecht, par leurs fleuves, leurs canaux, leur mer et leur atmosphère, ressemblent à Venise. Ici, comme à Venise, la nature a fait l'homme coloriste. — Remarquez l'aspect différent que revêtent les objets, selon que vous êtes dans une contrée sèche, comme la Provence et les environs de Florence, ou dans une plaine humide, comme les Pays-Bas. Dans la contrée sèche, la ligne prédomine et attire d'abord l'attention ; les montagnes découpent sur le ciel des architectures étagées d'un style grand et noble, et tous les objets s'enlèvent en arêtes vives dans l'air limpide. Ici, l'horizon plat n'a pas d'intérêt, et les contours des choses sont amollis, estompés, brouillés par la vapeur imperceptible qui nage éternellement dans l'air ; ce qui prédomine, c'est la tache. Une vache qui paît, un toit au milieu d'un pré, un homme accoudé sur un parapet, apparaissent comme un ton parmi d'autres tons.

L'objet émerge ; il ne sort pas tout à coup de ses alentours, détaché à l'emporte-pièce ; on est frappé par son
modelé, c'est-à-dire par les différents degrés de clarté
progressive et par les diverses dégradations de couleur
fondue, qui changent sa teinte générale en un relief, et
donnent aux yeux la sensation de son épaisseur[1]. — Il
vous faudrait passer quelques jours dans le pays pour
sentir cette subordination de la ligne à la tache. Des
canaux, des fleuves, de la mer, de la terre abreuvée,
sort incessamment une vapeur bleuâtre ou grise, une
buée universelle, qui fait autour des objets une gaze
moite, même dans les beaux jours. Au soir et au matin,
des fumées rampantes, de blanches mousselines flottent
demi-déchirées sur les prairies. Je suis resté bien des
fois debout sur les quais de l'Escaut, regardant la grande
eau blafarde, faiblement ridée, où nagent des carènes
noirâtres. Le fleuve luit, et, sur son ventre plat, la
lumière trouble allume çà et là des reflets vagues. Sur
tout le cercle de l'horizon, les nuages montent inces-

1. W. Bürger, *Musées de la Hollande*, 206. « Ce qui frappe dans
« la beauté du Nord, c'est toujours le modelé, et non les lignes.
« Dans le Nord, la forme ne s'accuse pas par le contour, mais par
« le relief. La nature, pour s'exprimer, ne se sert pas du dessin
« proprement dit. Si vous vous promenez une heure dans une ville
« d'Italie, vous rencontrez des femmes correctement découpées,
« dont la structure générale rappelle la statuaire grecque, et dont
« le profil rappelle les camées grecs. Vous pourriez passer un an à
« Anvers, sans apercevoir une forme qui donne l'idée de la tra-
« duire par un contour, mais bien par une saillie que la couleur
« seule peut modeler.... Les objets ne se présentent jamais en
« silhouette, mais en plein, pour ainsi dire. »

samment, et leur pâle couleur de plomb, leur file immobile, font penser à une armée de spectres : ce sont les
spectres de la contrée humide, fantômes toujours renou-
velés qui apportent la pluie éternelle. Du côté du couchant ils s'empourprent, et leur masse ventrue, toute
treillissée d'or, rappelle les chapes damasquinées, les
simarres de brocart, les soies ouvragées dont Jordaens
et Rubens enveloppent leurs martyrs sanglants, leurs
madones douloureuses. Tout en bas du ciel, le soleil
semble une énorme braise qui s'éteint et fume. — Quand
on arrive à Amsterdam ou à Ostende, l'impression s'ap-
profondit encore; la mer et le ciel n'ont point de forme;
le brouillard et les averses interposées ne laissent dans
la mémoire que des couleurs. L'eau change de nuance à
chaque demi-heure, tantôt lie de vin pâle, tantôt d'une
blancheur crayeuse, tantôt jaunâtre comme un mortier
détrempé, tantôt noire comme une suie fondue, parfois
d'un violet lugubre, zébré de larges tranchées verdâtres.
Au bout de quelques jours, l'expérience est faite; une
pareille nature ne laisse d'importance qu'aux nuances,
aux contrastes, aux harmonies, bref, aux valeurs des
tons.

D'autre part, ces tons sont pleins et riches. Un pays
sec et terne d'aspect, la France du Sud, la partie mon-
tagneuse de l'Italie, ne laisse à l'œil que la sensation d'un
échiquier gris et jaunâtre. D'ailleurs, tous les tons du
sol et des maisons sont éteints par la splendeur prépondérante du ciel et par l'illumination universelle de l'air.
A dire vrai, une ville du Midi, un paysage de Provence

et de Toscane, n'est qu'un simple dessin ; avec du papier blanc, du fusain, et les couleurs débiles des crayons colorés, on peut l'exprimer tout entier. — Au contraire, dans une contrée humide comme les Pays-Bas, la terre est verte et quantité de taches vives diversifient l'uniformité de la prairie universelle ; c'est tantôt la couleur noirâtre ou brune de la glèbe mouillée, tantôt le rouge intense des tuiles et des briques, tantôt le vernissage blanc ou rose des façades, tantôt la tache fauve des bestiaux accroupis, tantôt la moire luisante des canaux et des fleuves. Et ces taches ne sont point amorties par la clarté trop forte du ciel. Tout au rebours du pays sec, ce n'est pas le ciel, c'est la terre dont ici la valeur est prépondérante. En Hollande surtout [1], pendant plusieurs mois « l'air n'a aucune transparence ; une « sorte de voile opaque, tendu entre le ciel et la terre, « intercepte tout rayonnement.... L'hiver, l'obscurité « semble tomber d'en haut ». Partant, les riches couleurs dont sont revêtus les objets terrestres demeurent sans rivales. — Ajoutez à leur force leur nuance et leur mobilité. En Italie, un ton reste fixe ; la lumière immuable du ciel le maintient pendant plusieurs heures, et le même hier que demain. Vous le retrouverez, en revenant, tel que vous l'aviez posé, il y a un mois, sur votre palette. En Flandre, il varie nécessairement avec les variations de la lumière et de la vapeur ambiante. Ici encore, je voudrais vous conduire dans le pays, et

1. W. Bürger, *Musées de la Hollande*, 213.

vous laisser sentir par vous-mêmes la beauté originale des villes et du paysage. Le rouge des briques, le blanc luisant des façades, sont agréables à voir, parce qu'ils sont adoucis par l'air grisâtre. Sur le fond émoussé du ciel, s'allongent en file des toits aigus, écailleux, tous d'un brun intense, çà et là un chevet gothique, un beffroi gigantesque, coiffé de clochetons ouvragés et d'animaux héraldiques. Souvent la bordure crénelée des cheminées et des faîtes se réfléchit en se lustrant dans un canal, dans un bras de fleuve. Hors des villes comme dans les villes, tout est matière à tableau; on n'aurait qu'à copier. Le vert universel de la campagne n'est ni cru, ni monotone; il est nuancé par les divers degrés de maturité des feuillages et des herbes, par les diverses épaisseurs et les changements perpétuels de la buée et des nuages. Il a pour complément ou pour repoussoir la noirceur des nuées qui, tout d'un coup, fondent en ondées et en averses, la grisaille de la brume qui se déchire ou s'éparpille, le vague réseau bleuâtre qui enveloppe les lointains, les papillotements de la lumière arrêtée dans la vapeur qui s'envole, parfois le satin éblouissant d'un nuage immobile, ou quelque fente subite par laquelle perce l'azur. Un ciel aussi rempli, aussi mobile, aussi propre à accorder, varier et faire valoir les tons de la terre. est une école de coloristes. Ici, comme à Venise, l'art a suivi la nature, et la main était forcément conduite par la sensation que recevait l'œil.

Mais si les analogies de climat ont donné à l'œil des

Vénitien et de l'homme des Pays-Bas une éducation analogue les différences de climat lui ont donné une éducation différente. — Les Pays-Bas sont situés à trois cents lieues au nord de Venise. L'air y est plus froid, la pluie plus fréquente, le soleil plus souvent voilé. De là une gamme naturelle de couleurs, qui a provoqué une gamme artificielle correspondante. La pleine lumière étant rare, les objets ne portent pas l'empreinte du soleil. Vous ne rencontrez point ces tons dorés, ces superbes rousseurs si fréquentes dans les monuments de l'Italie. La mer n'est point glauque, semblable à une soie, comme dans les lagunes de Venise. Les prairies et les arbres n'ont pas le ton solide et fort qu'on voit dans les verdures de Vérone et de Padoue. L'herbe est mollasse et pâle, l'eau blafarde ou charbonneuse, la chair blanche, tantôt rosée comme celle d'une fleur élevée à l'ombre, tantôt rougeaude lorsqu'elle a été exposée aux intempéries et enflée par la nourriture, plus souvent jaunâtre, flasque, parfois pâlotte, inanimée en Hollande et d'un ton de cire. Les tissus de l'être vivant, homme, animal ou plante, reçoivent trop d'eau, et la cuisson du soleil leur manque. — C'est pourquoi, si l'on compare les deux peintures, on y trouve une différence dans la teinte générale. Suivez dans un musée l'école vénitienne, puis l'école flamande; passez de Canaletto et Guardi à Ruysdael, Paul Potter, Hobbema, Adrien Van den Velde, Teniers, Van Ostade; de Titien et Véronèse à Rubens, Van Dyck et Rembrandt, et consultez la sensation de vos yeux. Des premiers aux seconds, le

coloris perd une portion de sa chaleur. Les tons ambrés,
roussis, feuille morte, disparaissent; on voit s'éteindre
la fournaise ardente qui enveloppait les Assomptions; la
chair prend une blancheur de lait ou de neige; la
pourpre intense des draperies s'éclaircit, les soies plus
pâles ont des reflets plus froids. Le brun intense qui
imprégnait vaguement les feuillages, les puissantes rougeurs qui doraient les lointains ensoleillés, les tons de
marbre veiné d'améthyste et de saphir dont les eaux
resplendissaient, s'alanguissent pour faire place aux
blancheurs mates des vapeurs épandues, aux clartés
bleuâtres du crépuscule humide, aux reflets d'ardoise
de la mer, aux tons bourbeux des fleuves, aux verdures
pâlies des prés, à l'air grisâtre des intérieurs.

Entre ces tons nouveaux s'établit une harmonie nouvelle. — Tantôt la pleine lumière frappe les objets; ils
n'y sont pas accoutumés; et la campagne verte, les
toits rouges, les façades vernissées, les chairs satinées
où le sang affleure, ont alors un éclat extraordinaire.
Ils étaient faits pour le demi-jour de la contrée septentrionale et humide; ils n'ont pas été transformés,
comme à Venise, par la lente brûlure du soleil; sous
cette irruption de la clarté, leurs tons deviennent trop
vifs, presque crus; ils vibrent ensemble comme une
sonnerie de clairons, et laissent dans l'âme et dans les
sens une impression de joie énergique et bruyante. Tel
est le coloris des peintres flamands qui aiment le plein
jour; Rubens vous en fournira le meilleur exemple; si
ses tableaux restaurés du Louvre nous représentent son

œuvre telle qu'elle était au sortir de ses mains, on peut affirmer qu'il ne ménageait pas les yeux ; en tout cas, son coloris n'a pas l'harmonie pleine et moelleuse des Vénitiens ; les extrêmes les plus forts y sont rapprochés ; la blancheur neigeuse des chairs, le rouge sanglant des draperies, le lustre éblouissant des soies, ont toute leur force, et ne sont point reliés, tempérés, enveloppés, comme à Venise, par cette teinte ambrée qui empêche les contrastes de se heurter et les effets d'être rudes. — Tantôt, au contraire, la lumière est terne ou presque nulle ; c'est le cas le plus fréquent, surtout en Hollande ; les objets sortent péniblement de l'ombre ; ils se confondent presque avec leurs alentours ; au soir, dans un cellier, sous la lampe, dans une chambre où glisse par une fenêtre un rayon mourant, ils s'effacent et ne sont que des noirceurs plus intenses dans la noirceur universelle. L'œil est conduit à remarquer ces nuances de l'obscur, la vague traînée de jour qui se mêle à l'ombre, les restes de lumière accrochés aux derniers luisants des meubles, un reflet de glace verdâtre, une broderie, une perle, quelques paillettes d'or égarées dans un collier. Devenu sensible à ces délicatesses, le peintre, au lieu de rapprocher les extrêmes de la gamme, n'en prend que le commencement ; tout son tableau, sauf un point, est dans l'ombre ; le concert qu'il nous donne est une sourdine continue, où parfois se fait un éclat. Il découvre ainsi des harmonies inconnues, toutes celles du clair-obscur, toutes celles du modelé, toutes celles de l'âme, harmonies pénétrantes,

infinies; avec un barbouillage de jaune sale, de lie de
vin, de gris brouillé, de noirceurs vagues çà et là
piquées d'une tache vive, il parvient à remuer la partie
la plus intime de notre être. En cela consiste la dernière des grandes inventions pittoresques; c'est par elle
qu'aujourd'hui la peinture parle le mieux à l'âme
moderne, et tel est le coloris que la lumière de la
Hollande a fourni au génie de Rembrandt.

Vous avez vu la graine, la plante et la fleur. Une race
d'un génie tout opposé à celui des peuples latins se
fait, après eux et à côté d'eux, sa place dans le monde.
Parmi les nombreuses nations de cette race, il en est
une en qui son territoire et son climat spécial développent un caractère particulier qui la prédispose à l'art
et à un certain genre d'art. La peinture y naît, elle dure,
elle devient complète, et le milieu physique qui
l'entoure, comme le génie national qui la fonde, lui
donnent et lui imposent ses sujets, ses types et son
coloris. Tels sont les préparatifs lointains, les causes
profondes, les conditions générales qui ont alimenté
cette sève, dirigé cette végétation et produit la floraison
finale. Il ne nous reste plus qu'à exposer les circonstances historiques, dont la succession et la diversité
ont amené les phases successives et diverses de cette
grande floraison.

TABLE DES MATIÈRES

PREMIÈRE PARTIE

CHAPITRE I

DE LA NATURE DE L'ŒUVRE D'ART

I

CHAPITRE II

DE LA PRODUCTION DE L'ŒUVRE D'ART

I

DEUXIÈME PARTIE

LA PEINTURE DE LA RENAISSANCE EN ITALIE

CHAPITRE I

SES CARACTÈRES

CHAPITRE II

LA CONDITION PRIMAIRE

CHAPITRE III

LES CONDITIONS SECONDAIRES

CHAPITRE IV

LES CONDITIONS SECONDAIRES (suite)

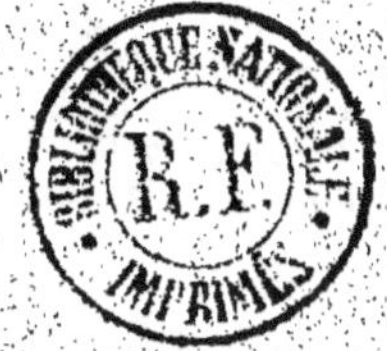

TROISIÈME PARTIE

LA PEINTURE DANS LES PAYS-BAS

CHAPITRE PREMIER

LES CAUSES PERMANENTES

Imp. de Vaugirard, H.-L. Motti, 13, Imp. Ronsin, Paris.